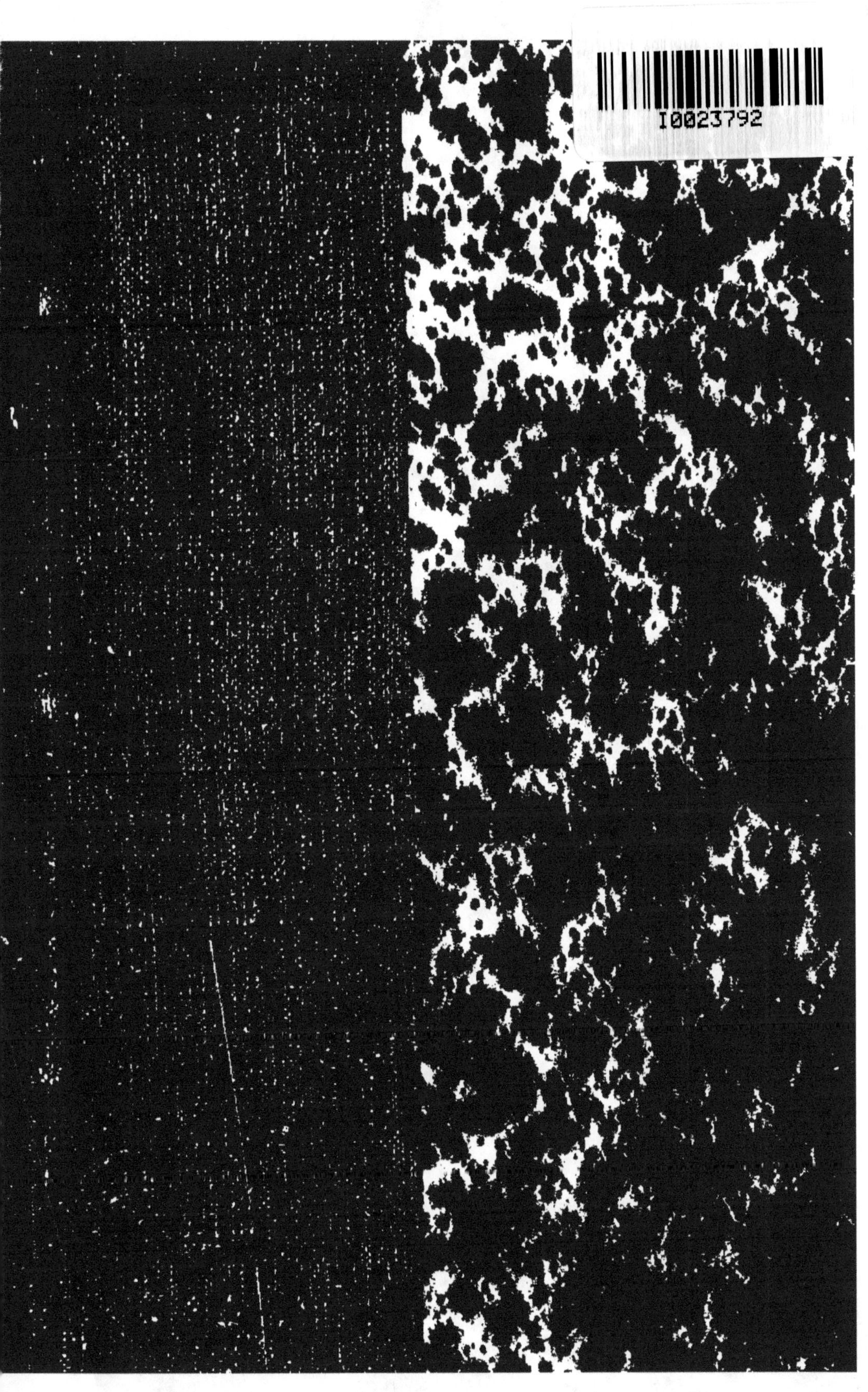
I0023792

RGES RÉGNAL

LA FEMME

elle qu'elle doit être

LIBRAIRIE ILLUSTRÉE
J. TALLANDIER, ÉDITEUR
75, RUE DAREAU, PARIS

LA FEMME

telle qu'elle doit être

DU MÊME AUTEUR

La vie telle qu'elle est, *comment il faut la prendre*, 3e édition, médaille d'or de la Société d'Encouragement au Bien. Prix Chartier des « Jeux Floraux ». . . . . 2 fr. »

L'argent, étude . . . . 1 fr. 50

Il n'y a pas de sot métier, proverbe, pour être joué par deux hommes et une jeune fille. . . . 1 fr. »

Le Livre de Cousine Jeanne, recueil de conseils pratiques, Hygiène, Toilette, Ménage. . . 4 fr. »

Le Protocole mondain, code des usages élégants . . . . 3 fr. 50

Comment la Femme peut gagner sa Vie : choix d'une profession. . . . . 2 fr. »

Conquête et culture de la Beauté chez la Femme . . . . 2 fr. »

La Broderie, album illustré. — Franco, recommandé . . . . 1 fr. »

Tous les autres ouvrages du même auteur sont épuisés.

GEORGES RÉGNAL

LA FEMME

telle qu'elle doit être

PARIS

Librairie Illustrée, Jules TALLANDIER, Éditeur

75, Rue Dareau, 75 (14e)

PRÉFACE

Vous me demandez une Préface pour vos Études, si remarquées déjà, sur « l'institution », au vrai sens du mot, de la femme contemporaine. C'est beaucoup d'honneur que vous faites à un pédagogue... pour garçons. Mais c'est beaucoup de plaisir aussi pour lui. Car vous lui fournissez l'occasion de dire tout haut le bien qu'il pense des pages exquises, de si fraîche nouveauté, où tant de sérieux s'allie à tant d'agrément, offertes par votre goût très sûr et votre expérience très avertie, à l'inquiétude et à la vigilance des pères et des mères encore novices en leur métier de surveillants, de directeurs, et qui ont besoin d'idées directrices,

Vous avez fait, en de courts et vifs chapitres, votre Traité sur l'éducation des filles, — des filles qui vivent au XXe siècle, et qui auraient rendu Fénelon singulièrement songeur et embarrassé. Vous avez démêlé, avec une sagacité, une pénétration qui, parfois, feraient croire que votre plume a été guidée par une influence masculine, vous avez démêlé, dans l'aheurtement des systèmes à la mode, la façon la meilleure d'élever la vraie mère, ni savante, ni « chiffon », véritable associée de l'homme — que l'homme chez nous réclame, et en vain.

Vous avez su dire combien de choses originales, soulever combien de problèmes, proposer combien de solutions, et cela, sans pédantisme, sans effort, en vous jouant. Vous avez abordé une des questions sociales qui s'imposent le plus au temps présent, et, en ce grave sujet, vous avez fui l'ennui, la démonstration didactique et lourde. Vous avez l'art qui, aujourd'hui, se perd, de glisser sans appuyer.

Vous avez adopté la forme d'une causerie vive, enjouée, aimable, qui, sans avoir l'air d'y toucher, approfondit tout, éclaire tout. Vous moralisez sans morigéner. Vous conseillez sans prendre un ton doctoral. Vous critiquez sans être acerbe. Vous montrez le devoir, l'idéal, sans prêchoter. On vous écoute, on vous devient ami dès l'abord et jusqu'à la fin, parce *qu'on sent en vous, outre la connaissance de la vie, une sincérité de conviction qui donne confiance en un enseignement d'où la leçon professée est exclue, et qui est si instructif pourtant, de si communicative expansion!*

*
* *

Je suis d'accord avec vous, et sans restriction, sur tous les points de votre thèse — ô l'affreux mot, et rébarbatif! — mais il y a bien thèse dans votre ouvrage, il y a idée originale, même suite serrée d'idées originelles, pleines de persuasive audace.

Ce que vous voulez, ce que vous préconisez, c'est une éducation qui mette enfin la vérité là où règne la convention, qui, sans rien renverser, certes, mais par une progression lente et réfléchie, fasse leur place à la franchise, à la lumière, à la liberté. Vous avez foi au progrès. Vous avez horreur de toutes les hypocrisies. Vous êtes de votre temps, vous en comprenez les nécessités et les aspirations, et vous voulez que votre pupille, que votre disciple et amie soit de son temps. Vous avez l'esprit pratique. Vous savez qu'il y a de dures heures à traverser pour la femme célibataire, pour la femme devenue pauvre, devenue veuve : cela se voit en nos crises, en nos débâcles qui font tant de ruines, tant de deuils. Vous voulez que l'adolescente, façonnée par vos soins, apprenne, aux heures d'épreuve, à lutter, à gagner son pain. Seuls les entêtés, férus de préjugés et de routine, ne vous comprendront pas. La majorité de ceux qui ont charge d'enfants et d'âmes est intéressée à s'inspirer de vos maximes. Elle s'en inspirera sûrement.

Je ne saurais trop louer l'excellente division que vous avez adoptée, où, dans un ordre bien naturel, se rangent et se distribuent les considérations, qu'avec une verve primesautière, une intarissable fécondité de ressources, vous déduisez à travers exemples, citations, épigrammes, portraits et anecdotes.

*
* *

Et savez-vous ce qui m'attire le plus en ces discussions que vous semez à la volée, en prodigue? Ce sont précisément celles que l'on contestera le plus, celles qui fièrement, hardiment, rompent avec des traditions envieillies. Elles feront quelque bruit — mais elles feront aussi leur chemin par le monde. Et elles y feront quelque bien.

Oh! que je vous approuve quand vous recom-

mandez aux parents de ne pas confondre la « pruderie et la pudeur », quand vous demandez qu'on instruise les jeunes filles, « très chastement », des réalités que demain leur apportera. C'est affaire de prudence, de tact, de délicatesse, sans doute. Mais le cœur des mères n'en est certes pas incapable.

Votre opinion sur le degré de science, sur la qualité et le genre spécial des arts qui conviennent le mieux à la femme est marquée au coin du bon sens. Vous expliquez, vous raisonnez ce que l'on imprime froidement ailleurs, en des Guides secs, en des concentrés d'ennui, sur le choix des professions. Il y a beaucoup à prendre et à retenir dans vos indications qui méritent d'être consultées et méditées. Vous avez dû recevoir la confidence de combien de projets, de combien de tentatives et de déboires pour dresser une carte si précise où les écueils et aussi les ports sont relevés avec tant de certitude, à l'usage des générations ballottées et hésitantes!

Je ne veux pas vous suivre pas à pas, argument par argument, non que le désir m'en manque, mais il faudrait un volume pour commenter tant et tant de propositions suggestives. Et ce serait déflorer l'intérêt toujours renouvelé et rafraîchi d'une lecture que je diffère par mon bavardage et qu'on n'interrompra pas après l'avoir commencée.

*
* *

Je ne puis pourtant pas ne pas souligner d'une particulière approbation votre apologie, si pressante, si émue, si élevée, des vertus, qu'à défaut de la foi on doit inculquer dans l'âme des jeunes filles.

Certes, il les vaut mieux éprises de justice, d'honneur, de pitié, il les vaut mieux inclinées vers un altruisme agissant, entraînées par le sentiment de la solidarité, que tournées vers des pratiques froidement dévotieuses, vers l'extériorité de cultes adorés des lèvres, non du cœur. Un fidéisme de commande et de prévision égoïste ne pèse pas à côté du devoir accepté, chéri, accompli en pleine sincérité d'obéissance et de dévouement. C'est là que l'on ira. C'est la formule des temps prochains. Vous aurez eu le mérite et le courage de la donner.

Comment enfin passer sous silence vos très justes réflexions et avertissements au sujet des fiançailles, des unions assorties, vos préceptes, vos « dicts moraux » sur les devoirs de la femme? Tout dénote la sûreté de votre jugement, montre combien vous avez pénétré dans les plus intimes arcanes de l'avenir féminin. Il y a des entrevisions qui, un jour, seront des réalités. Il y a là des pensées frappées en médaille qu'on ne saurait oublier, qui s'enfoncent dans l'esprit.

Quelles larges vues d'ensemble, et quelles percées soudaines et vives sur des détails humbles en apparence, et, au vrai, si importants! Que de définitions rajeunies par l'expression, qui est trouvée! On dirait du Labruyère revu, retouché par Alexandre Dumas fils, ou bien par Brieux, dans une note moderne, vivante. C'est un Code précis et élégant dont les articles seraient dignes de faire loi — et feront sûrement autorité dans mainte famille.

Il y a quelques années, en lisant vos premières pages sur la direction des jeunes filles, je vous écrivais ceci :

« *Vous devez compléter ce travail; c'est à la*
« *jeune fille, à la femme, appartenant à la bour-*
« *geoisie moyenne, que vous avez songé cette fois.*

« *Quand montrerez-vous la voie droite à la sœur*
« *de Bob, à la jeune mondaine qui, au milieu des*
« *toilettes, et des concerts, et des bals, est toute*
« *désorientée? Elle a grand besoin qu'on la prenne*
« *par la main, qu'on lui évite les faux pas.*

« *Quand vous pencherez-vous vers la fille du*
« *peuple, la fille de l'ouvrier? Elle aussi est sans*
« *guide; elle erre sans entendre une voix amie,*
« *sans protection, sans défense. Toutes deux, comme*

« la petite bourgeoise, réclament le secours de votre « intelligence et de votre cœur. Vous vous devez à « elles. Mais je suis bien sûr que vous continuerez « pour elles votre apostolat de tendresse et de fer- « meté souriante.

Vous avez satisfait mon vœu par le présent volume. Je vous en remercie.

ÉDOUARD PETIT.

LA FEMME
telle qu'elle doit être

On se repend presque toujours d'avoir eu de l'orgueil, mais jamais d'avoir fait preuve de dignité.

En 1894, je publiais sous ce titre : *Ce que doivent être nos filles*, une série d'articles réunis ensuite en brochure, et dont la fortune fut assez heureuse, grâce surtout à l'appui d'un très éminent éducateur : M. Edouard Petit.

A cette époque, avancer qu'une évolution s'imposait dans l'éducation et la direction de la Jeune Fille nouvelle, c'était faire acte de Féminisme, — et en ce temps-là le Féminisme était fort mal vu.

Cependant, il advint que mes audaces eurent l'heur d'être approuvées par *tous* les hommes... Tous ! sans exception : pères, frères, époux, amis, patrons, professeurs, ecclésiastiques, me comprenaient, — alors que bien des mères timorées hésitaient à me donner raison. Elles s'effrayaient surtout de la « nouveauté ! » Elles ne voyaient pas que loin de prétendre émanciper leurs filles et les soustraire à leur vigilance, à leur tendresse, je souhaitais les rendre plus intelligemment soumises aux parents sages, et les préparer non pas à un antagonisme révolutionnaire contre l'autre sexe, mais au contraire à un accord idéal que je crois *voulu* par la nature. Je reste persuadée que l'Homme et la Femme ne peuvent édifier le mince bonheur permis sur cette terre, qu'ensemble, l'un par l'autre, et l'un pour l'autre.

En effet, laissant même de côté l'association qui, sous des noms divers est toujours le Mariage et l'Amour, je maintiens que tous les rapports : jeux, travaux, entreprises, voyages, partagés entre hommes et femmes, présentent un agrément supérieur, — à la condition, bien entendu, que les deux parties soient sociables. Des deux côtés il y a une teinte de condescendance, d'indulgence, avec un instinctif désir de plaire, de se montrer sous son bon jour; les concessions respectives et réciproques sont plus aisées; l'ascendant de l'un sur l'autre, de quelque part que vienne la domination, est à la fois plus ferme et plus doux... Le père est très fier de son « garçon »; mais combien il a plus le tendre orgueil de sa fille!... La mère ne s'explique pas ses faiblesses à l'égard de ses fils; le professeur obtient de ses élèves féminines une attention et une assiduité qu'il n'espère jamais des étudiants masculins; on a vu les femmes mener infiniment mieux qu'un chef mâle, des ouvriers récalcitrants; une vieille servante dorlotera son maître avec plus de patience qu'elle ne soignerait une maîtresse, — et ce maître lui sera vaguement soumis. Les amitiés, au bel âge, sont si attachantes, qu'il s'en faut de peu presque toujours qu'elles ne deviennent... dangereuses; elles constituent le charme tendre, et même un tantinet galant, des années de déclin. Enfin, quoiqu'en disent ces messieurs et dames dans leurs « clubs » respectifs, ils ne méconnaissent pas l'attrait d'une bonne petite fusion dont ils saisissent volontiers le moindre prétexte, — ce dont il convient de les louer.

Malheureusement, le délicieux équilibre que produit la coopération des qualités, égales mais diverses, chez les deux sexes, a été rompu dès que le mammifère bipède « causa sur le globe un rassemblement de plus de deux personnes », — comme dit Pitou.

Le plus fort, au contraire de protéger la plus faible, a préféré l'opprimer; la brutalité n'a eu nulle compassion des conditions physiques qui, au lieu de rendre la femme touchante et sacrée, semblent lui avoir assigné un rang inférieur, humilié, sous le joug méprisant du maître. Je n'entends pas faire de l'Histoire et remonter la suite des siècles; chacun sait que le Christianisme lui-même, plus catholique que chrétien en l'occurrence, s'est demandé s'il était bien certain que la Femme ait une âme?... En la lui reconnaissant, il l'a désignée comme perverse, diabolique, corruptrice, maudite !... Oui, parfaitement... Nos prêtres séculiers, nos beaux orateurs ne le disent pas à leurs pénitentes ni à leurs admiratrices, sans doute parce qu'ils ne partagent pas le mépris des Pères envers une créature que réhabilitèrent en somme Marie et quelques Saintes, — et Jeanne d'Arc aussi... Mais demandez aux Moines quel est le fond de leur enseignement sur le chapitre : « Femme »?...

En celle-ci, les Orientaux, les Américains du Sud, les races latines, malgré des apparences policées, ne voient guère que « la femelle... » Dernièrement un étranger, venu résider pour quelques mois en France, annonçait à un ami une très récente paternité. — Le Français, on ne sait pourquoi, lui demanda s'il avait déclaré l'enfant au consulat ou à la mairie.

« Nulle part... C'est une fille... », répondit ingénûment l'interpellé.

Une fille, — cela n'avait pour lui aucune importance... Cela devait se passer même d'état civil !

Facilement chez nous le rural dit : « J'ai trois enfants », quand il en a davantage; — mais il ne compte que les garçons.

Dans le peuple, la femme est la bête de somme. Pour une classe spéciale, elle devient

« l'esclave blanche » vouée aux pires ignominies. La famille de condition moyenne l'immole au frère, au père trop souvent! On en fait la Cendrillon du ménage pendant que les hommes suivent la voie plus ou moins louable qui leur plaît. Quand elle a tout sacrifié : jeunesse, dot, aspirations, rêves!... on trouve qu'elle a simplement rempli son devoir, -- alors qu'il suffit de bien peu, de quelques égards! pour qu'on dise de l'homme qu'il est un bon fils, ou un bon époux. A celui-ci, on ne demande que de ne pas faire de mauvaises actions qualifiées.

L'honnête femme ne se plaindrait pas de prodiguer son dévouement, ses soins, son abnégation, aux exigences parfois énormes de l'inconscient égoïsme masculin, si elle en était au moins récompensée par l'estime, le respect, l'hommage tendre et reconnaissant, de la famille et de la société.

Ce qui la décourage et la navre, c'est de constater que quand ses sœurs sont triomphantes, ce n'est généralement pas par la vertu. La modeste jeune fille est dédaignée, se fane dans la tristesse, lorsqu'elle n'a pas d'argent pour tenter les prétendants, ou une beauté provocante éveillant un désir plus grossier que flatteur. — Les riches elles-mêmes sont fréquemment le prix d'un marché... Les princesses deviennent le gage d'un traité politique ; le souverain ne demande que l'instrument nécessaire pour perpétuer la dynastie. — Les laborieuses voient le succès, la faveur, passer par-dessus leur droit, leur mérite, pour créer la réussite de celles qui sont moins scrupuleuses qu'elles sur bien des points.

Tout ceci et beaucoup d'autres choses encore ont fourni des arguments aux premières révoltées féministes... J'ai assisté à leurs besognes tapageuses, sans les blâmer, sans y participer, — non par peur des coups, mais par crainte des erreurs, des emballements. — Les avant-courrières ont ouvert la route à de plus paisibles militantes. L'évolution s'est produite. Je l'ai suivie avec intérêt, trouvant qu'elle nous mène à de sérieux progrès. En compensation de quelques excentricités, on a conquis de réels et louables avantages.

Une situation nouvelle est faite à la Femme qui, naturellement, implique ses inconvénients. A cause de cela, il ne faut pas s'entêter dans les anciennes et timides méthodes d'éducation féminine, — pas plus qu'il ne convient de se jeter avec une ignorante hardiesse dans une mêlée quelque peu effrayante, et trompée par l'illusion qu'en attaquant on vaincra.

Regardons le mouvement accompli en un quart de siècle, — dont un mince mais caractéristique symptôme est celui-ci : lorsque j'ai pris la plume, on m'imposait un pseudonyme masculin, la défaveur s'attachant d'avance à toute production féminine ; aujourd'hui les œuvres des femmes font souvent autorité.

Le travail est devenu presque obligatoire pour toute enfant de condition médiocre, et pour un grand nombre atteint par les revers de fortune. C'est au point que les heureuses de ce monde, éprouvant une sorte de honte d'être oisives, pratiquent les arts avec une habileté de professionnelles, ou se jettent dans l'exercice d'une foule de devoirs spéciaux.

D'autre part la famille, toujours agitée par le goût très moderne du déplacement, devient de plus en plus active. Les sports, les carrières hardies se multiplient pour les nouvelles générations qui se font une mentalité conforme. Le nombre croissant des célibataires, — un peu malgré elles ! — crée la catégorie des « Indépendantes », parfaitement honnêtes, mais très libres, émancipées par une profession artistique ou libérale.

Il est à remarquer en passant, que l'allure libre de la femme actuelle ne nuit aucunement à son établissement ; les avocates, les doctoresses entre autres se marient fréquemment et donnent l'exemple des vertus conjugales.

Enfin, les revendications féminines se précisent audacieusement : nos sœurs réclament le droit électoral qui sera forcément suivi de l'Eligibilité... Elles l'auront... Et probablement une sorte de conscription pour un service militaire dans l'intendance, la télégraphie, les infirmeries et hôpitaux en deviendra la conséquence.

Tout cela sera parfait si la Femme ne perd pas pied en perdant la tête; et si après avoir combattu pour ses Droits, — incontestables, — elle consent à se reconnaître quelques Devoirs.

Jusqu'ici, sans trop d'orgueil, il lui avait été permis de se croire, par certains côtés, supérieure à l'Homme : patience, endurance, résignation dans les souffrances physiques ; qualités domestiques, ordre, économie, prévoyance, dévouement... Elle ignorait les grands dissolvants : la boisson, le jeu, le tabac, et... le reste. D'avoir été asservie, domptée, châtiée impitoyablement, elle estimait sa vertu, sa réputation. Son foyer et ses enfants constituaient son plus pur orgueil. A tout cela se joignait la finesse, l'intuition, la rectitude du jugement, qualités inhérentes aux êtres faibles, obligés de se défendre, car elle avait contre elle la rigueur de la morale et des lois.

Il est à craindre que les mœurs nouvelles lui procurent, en l'émancipant, plus de brutalité que de force véritable; plus d'égoïsme que de saine philosophie; plus de hardiesse que de bonté. Elle a déjà pris à l'Homme l'innocente mais inutile cigarette ; puis, les habitudes impérieuses du plaisir hors de chez soi, et du déplacement perpétuel... Pour satisfaire ses nouveaux besoins, elle se fait camarade du mâle —

ou son adversaire. Rarement elle en est *l'amie*.

L'élément masculin, en majeure partie, a pris peur de ce mouvement. L'hostilité du travailleur, surtout de l'ouvrier, se manifeste cruellement. On m'a cité une malheureuse, dépourvue de capacités, qui pour gagner son pain, profitant d'un extérieur peu favorable, s'était habillée en garçon, et embauchée « gâcheur de plâtre ». Dénoncée, elle faillit être assommée... — Je crois que nos « Cochères » le seraient également en pleine rue, si l'autorité ne les protégeait, et si la réconciliation avec Collignon ne finissait par se sceller chez le mastroquet... hélas.

Heureusement, un vrai, un généreux Féminisme a trouvé plus que des adeptes : des promoteurs, parmi les hommes sensés et les femmes sérieuses. Les esprits larges et réfléchis ont compris quelle importance peut prendre, dans la société moderne, la Femme raisonnable et sage. Elle serait le contrepoids par la modération, l'indulgence, la pitié, des violences, des passions homicides. Elle possède une subtilité, une adresse, qu'elle saurait mettre au service de la Diplomatie conciliante et pacifique. Son goût pour l'organisation et la bonne tenue du ménage, la rendrait apte à la direction des œuvres d'Assistance, d'Education, et d'Administration urbaine. Son instinct maternel qu'il faut entretenir, conserver impérieux et bienfaisant, demeurerait sa supériorité sans concurrence, car, toute femme normale, même énergique et virilisée par les circonstances, même dans l'aventure, même dans l'héroïsme, redevient compatissante, consolatrice, dévouée, *maternelle* enfin! dès que l'apaisement des faits la rend à sa vraie nature... Jeanne d'Arc le fut, au camp, après les batailles.

Reconnaissons-le : il y a un progrès considérable dans le bon vouloir féminin.

Ses efforts sont attestés par ses associations charitables, ses mutualités, ses entreprises non toujours exemptes de critique, mais très dignes d'encouragement. Nous voyons là l'heureuse tendance à l'initiative, à l'action réglée, à la discipline.

Cependant, à mon point de vue, la Femme n'est pas encore mûre pour les grandes choses. Je juge, par les tout petits indices, de son infériorité. Je vais vous en citer un capital : la « question dans les endroits publics des grands, des immenses chapeaux... » — Croyez-vous qu'une créature capable d'un si formidable entêtement, d'un entêtement aussi mesquin et ridicule qu'injustifié, fasse preuve d'intelligence?... Elle s'est attiré plus d'ennuis, plus d'affronts qu'on n'en peut imaginer... Elle a résisté au bon sens, aux raisonnements, aux règlements, à la désapprobation des prêtres... Rien n'a pu la faire céder. Elle a eu l'impudeur d'ameuter des salles entières, d'attirer tous les yeux sur sa personne, de suspendre des représentations... Et devant la Loi elle a préféré « sortir » que de capituler. — C'est pitoyable !

Remarquez encore ceci : constamment nous voyons deux et trois frères s'associer pour un travail, un commerce, une recherche scientifique ou la pratique d'un art... Cherchez l'équivalent du côté « sœurs... » Vous verrez combien il devient rare.

Non, la Femme n'est pas encore ce qu'elle devrait être, et cela, parce qu'elle manque de direction.

La jeune fille actuelle est élevée par des personnes éduquées elles-mêmes dans une époque de transition, qui ne se font pas une idée exacte de ce qu'il faut à la nouvelle génération. La peur de l'inconnu les retient dans des règles retardataires ; d'autres, hésitantes, sont « débordées » par l'ardente vie de la jeunesse présente ; beaucoup enfin renoncent à conduire cette jeunesse, cédant en cela à un intime aveu d'incapacité... et aussi, il faut bien le dire, parce que l'existence fébrile, le divorce, l'amour libre, ont mis un terrible désordre dans les programmes d'éducation.

— Y a-t-il un programme, une théorie d'éducation vraiment infaillibles ?

— Non, et oui.

Non, s'il s'agit d'un système, car tout système comporte ses défauts, dont le capital est de ne pas s'adapter à tous les individus.

Oui, si vous voulez diriger le jeune sujet au mieux de sa condition, de son caractère, et des mœurs de son temps.

Il y a une certaine Ecole du Bon Sens qui excite le mépris des Esthètes, mais qui en somme est l'Ecole supérieure pour la majorité. Tout le monde ne peut pas devenir un héros ou un génie. — Mon rêve très modeste serait de faire des femmes « bien équilibrées. »

C'est dans ce sens que je vais causer simplement, intimement, d'abord avec les familles; puis aussi avec tant de jeunes filles ou jeunes femmes qui *sentent* le besoin de se diriger, peut-être de s'élever, soi-même... Il y a une quantité d'orphelines, de dévoyées par des parents désunis; il y a également de pauvres petites que l'on a éduquées avec autant d'inexpérience malheureusement, que d'amour, et qui s'en aperçoivent !...

Mais parler à la jeune Française, en bloc, n'est pas chose aisée... Ce qui convient à une enfant guettée par l'existence laborieuse, ne satisfait pas la petite mondaine destinée à la vie luxueuse et brillante.

Pourtant, il y a des vérités générales dont chacune peut prendre sa part. Telles sont : la Loi d'être une honnête femme ; le désir du bonheur relatif; la connaissance des réalités qui évite bien des fautes... et aussi une culture morale, intellectuelle, en rapport avec le rang social qu'on occupe.

Je crois donc que l'on peut s'entretenir familièrement de tous ces problèmes, surtout lorsque l'on apporte dans l'examen des questions une entière impartialité. Il y avait du bon au couvent; il y en a dans la liberté et l'individualisme américain. Il est utile de tout examiner, tout comparer, de façon à s'approvisionner d'expérience sans avoir à payer trop cher celle-ci.

Pour se faire écouter de la Jeunesse, il faut l'aimer tendrement, et la comprendre.

Lui répéter perpétuellement : « De mon temps on ne faisait pas ainsi... » est chose superflue, parce que tout a changé... en mieux ou en pire, je n'entends pas le discuter, mais le constater.

Cependant, comme j'ai le courage de mon opinion, tout en respectant celle d'autrui, je confesserai mon goût pour l'époque contemporaine; je la trouve palpitante... Et mon intense curiosité serait de vivre les longues années qu'il faudra compter pour arriver au résultat de la crise que nous traversons, — véritable enfantement d'un avenir impossible à concevoir.

Ce qu'il y a de certain, c'est que la petite « oie blanche » n'est plus possible; et que, d'autre part, la demoiselle sans frein ni morale, beaucoup plus rare d'ailleurs qu'on le croit, ne l'est pas davantage. Les quelques spécimens qui en existent ne tarderont pas à disparaître.

Le modèle-type est la « Préservée », ainsi que l'a très justement nommée un observateur : Johannès Gravier.

—

Le meilleur maitre, c'est la vie... Elle ne ronchonne pas : elle châtie. Ses leçons fort rudes, ne s'oublient pas. Quand on a commis une faute, elle vous la fait payer.

Il y a diverses variétés de Fautes : il y en a de coupables et de sottes. — Des premières on garde le remords ; des autres... on se mord les doigts, parce que vraiment on a été « trop bête.. »

— « Ah! si j'avais su... Ah! si c'était à refaire... »

On n'entend que cela dans la société... Et c'est particulièrement le *leit motiv* féminin, parce que la femme est, entre les créatures humaines, la plus leurrée dès l'enfance.

Se bien connaitre, connaitre autant que possible les autres et les conditions d'existence de son propre milieu, voilà en quoi réside la vraie science.

La plupart des jeunes filles se font une conception très erronée de la vie, à l'heure où elles l'abordent d'une façon effective.

Comment s'en feraient-elles une idée exacte?

Elles ont peu d'années d'observation personnelle ; leurs principes, leur morale, sont le fruit des leçons reçues, des exemples de leur entourage. C'est pourquoi la femme évolue presque toujours entre vingt et trente ans, apparemment ou en secret ; — telle est la cause des surprises du mariage. Un monsieur ayant épousé une demoiselle quelque peu émancipée, trouve en elle la compagne exquise, revenue de légères erreurs, de naïves audaces ; alors qu'au contraire celui qui a pris une enfant rougissante, voit éclore une effrontée, une révoltée, en la jeune épouse déniaisée.

Paris n'est pas la France. — Nous avons dans nos départements la grande réserve de la Patrie. Eh bien, c'est cette petite Provinciale qui est particulièrement en retard. Trop ignorante, trop confiante, elle est victime désignée, impropre à s'adapter aux mœurs envahissantes de son temps.

Au contraire, l'enfant des grandes villes, désabusée, sceptique, imbue de théories agressives, infatuée d'elle-même, se croit très supérieure à ses aînées, piaffe du désir de « faire sa vie » et entre dans l'arène avec des illusions que ses premiers mécomptes viendront cruellement abattre.

Essayez de leur procurer des clartés saines ! Vous apparaîtrez à la première comme le mauvais ange incarné pour la perdre ; — tandis que l'orgueil de l'autre vous traitera de « radoteur », si vous prétendez dire à cette « arriviste » que la droiture n'est pas un vain mot, et qu'il se pourrait bien qu'elle fût le seul élément de succès, — relatif, mais sincère et solide.

Prêcher, dogmatiser n'attire guère l'auditeur spontané; et, quand on n'a pas d'auditoire, on n'a personne à convaincre. — En causant, au contraire, on s'insinue dans l'esprit des gens qui feignent, au moins par politesse, de vous prêter attention... Et puis on a la ressource de changer de conversation lorsqu'on s'aperçoit qu'on ennuie... Il ne faut jamais ennuyer personne! Pour gagner les sympathies de la jeunesse, rien de tel que de faire appel à sa justice... Si les grand'mères ont perdu beaucoup d'influence sur leurs petites-filles, c'est parce qu'elles se sont montrées trop moroses, trop rigides... Elles auraient dû se dire d'abord que, quand les petites-filles ont des torts et de vilains défauts, ce n'est pas leur faute. Elles sont irresponsables jusqu'à un certain âge. Elles agissent d'après l'éducation qu'elles ont reçue. Tant pis si celle-ci, trop austère ou trop délurée, fut, dans les deux cas, maladroite... Il est arrivé un jour où une parole, une lecture, un fait quelconque a inspiré à la jeune fille le doute sur la valeur des principes avec lesquels on l'a formée; alors, son inexpérience s'est révoltée, portée aux extrêmes... Et les aïeules, en se voilant la face, crient à l'ingratitude, à la perversité.

Cela n'arriverait pas si l'on n'enfermait point

les jeunes esprits dans des cercles trop rigoureusement restreints ; ou si, au contraire, on ne les libérait pas de toute direction avant l'heure raisonnable.

L'enfant, l'adolescente, la jeune fille, la jeune femme, ne doit jamais avoir la « révélation » brusque d'aucune chose, parce que l'éducation intelligente, rationnelle, se charge d'aller au-devant de toutes ses curiosités, de tous les besoins de sa nature, par une série de petites initiations presque insensibles ; son expérience se forme sans secousse, comme sa vue et sa parole... — comme se développe son corps. Il arrive ainsi que son jugement croît en raison directe de l'usage qu'elle est appelée à en faire... Il en résulte que si elle commet les fautes ou les maladresses auxquelles nul n'échappe complètement, il y a grande atténuation à celles-ci qui, alors, n'aboutissent pas aux catastrophes, — parce qu'en majorité les grands chagrins, les très grands malheurs ont eu pour cause initiale l'ignorance ou l'imprévoyance de ceux qui les subissent.

L'erreur est entre les deux systèmes qui produisent la turbulente émancipée, capricieuse, jouisseuse, sans cœur, parfaitement égoïste et, en dépit des apparences, fort malheureuse ; — ou la femme déplorablement arriérée, — à moins que ce soit le « chiffon », préoccupée uniquement de spectacles, de toilettes, de futiles intérêts.

Je m'attache plus particulièrement à la jeune fille de nos départements, victime, selon moi, de la centralisation... Si l'on fuit les campagnes, c'est parce qu'elles sont inhabitables. Ceux mêmes qui prêchent le « retour à la terre » se gardent bien d'y demeurer. Tout effort y est paralysé !... Toute pensée y est étouffée. — L'esprit déplorable, mesquin, cancanier, soupçonneux, empoisonne spécialement la vie féminine. Surveillée, calomniée, esclave des préjugés, de l'étroitesse des appréciations de son entourage, la femme jeune est en proie à des timidités torturantes, à des peines ridicules... Des cheveux rouges la désignent aux cruelles moqueries ; le célibat prolongé l'humilie ; quelques duvets sur les bras et les jambes lui inspirent une telle honte, qu'elle proclame « aimer mieux mourir que de se marier, et avouer une telle horreur ». — Si les événements l'appauvrissent, elle ne « s'abaisse » pas au travail, et dans le cas où elle surmonte sa répugnance pour le labeur salarié, elle veut que ce soit « en secret », parce qu'elle redoute le mépris de ses relations. — Le vide de ses journées, l'inanité de ses occupations, l'insuffisance de ses idées générales, l'amènent à donner une importance considérable aux plus futiles propos, aux plus mesquins intérêts. La médisance s'exerce éperdument sur tout et à propos de tout. On ne peut pas se baisser pour ramasser une épingle sans être soupçonné d'avoir trouvé un diamant. L'imagination jeune travaille dans le vide, dans l'irréel, dans le romanesque. Rien n'égale l'effarement de ces ignorantes devant la ruine ! Ses désespoirs sont naturellement égaux à ses illusions; elle ne jouit d'aucun sens pratique. C'est désolant, parce qu'elle possède une honnêteté admirable et que l'excès de sa candeur la condamne à être une victime ou une... désabusée, rejetant alors trop complètement tout ce qui fut à la fois la sauvegarde et le piège de ses premières années.

Je pense du reste, qu'en ce qui touche nos provinces, cet état de choses ne durera plus très longtemps. Les causes accessoires produisent de surprenants effets... Il me semble que l'Automobilisme et l'Aviation sont destinés à véhiculer beaucoup d'idées qui... n'avaient pas pris le train et en sont encore à la patache... Il est prudent, si l'on s'en réjouit, de prendre garde aussi à ce que ces voyageuses n'arrivent pas défigurées.

La véritable émancipation, pour la Femme, consiste dans la connaissance plus complète de la vie, dans le sentiment de ses responsabilités, dans le développement de ses initiatives, de son courage moral et physique.

Toutes les Femmes désormais, isolées ou à côté de l'époux, et quelles que soient leurs conditions, sont destinées à l'action.

Il ne s'agit pas de le regretter, de s'en plaindre ou de s'en louer ; la nécessité sociale s'impose. Les Femmes seront de plus en plus militantes, c'est la loi du siècle, inéluctable. Quand la Femme ne combat pas, elle recharge les armes et ramasse les blessés — autrement dit : elle est l'auxiliaire de l'Homme dans toutes les entreprises de celui-ci, — son « Associée » comme madame Juliette Adam et moi l'avions appelée bien avant Lucien Mulhfeld (1).

(1) Voir *Ce que doivent être nos Filles*, publié en 1892 dans *Simple Revue*, puis édité par Dentu.

DE LA NAISSANCE A L'AGE DE SEPT ANS

— C'est une fille...

Cette annonce cause presque toujours une légère déception. La pauvrette n'est en général désirée que quand elle a été précédée par un petit frère. Elle arrive en ce monde, déjà en état d'infériorité sociale : ce n'est pas par elle que le « nom » sera conservé.

La mère, en mesurant sa faiblesse, songe :

— « Vivrons-nous assez pour l'élever, la protéger, l'établir ?... Trouvera-t-elle un bon mari ? Et... ensuite ?... À quelles épreuves est-elle destinée ? Un garçon se tire toujours d'affaire... Tandis qu'une femme... »

La mère sait trop souvent par expérience quelles chances mauvaises sont contre ses pareilles! Quelles souffrances physiques lui sont spéciales!... Que d'écueils la menaceront plus tardi... Être trop jolie lui sera aussi fatal que d'être laide... Que faut-il craindre ou souhaiter pour son bonheur ?

Mais bientôt le nuage se dissipe. — La mignonne a vaincu les préventions du père ; il se prend au charme de cette petite « graine de femme » qui va pousser et finira par fleurir sous ses yeux... La maman se dit que cette poupée délicate, amusante à « bichonner, » lui tiendra compagnie, ne la quittera pas pour l'internat du collège... Ce jouet est, pour quelques-unes, pareil à un très précieux... petit chien. Beaucoup trop oublient que cet être si frêle, dont les yeux ne voient rien encore, est le germe d'une humanité future, et que dans l'ordre naturel des choses, il doit devenir une ancêtre... En tout cas, qu'il ait à vivre pour autrui, ou à défendre sa personne isolée, sa plus forte cuirasse, son plus puissant levier, le viatique sans lequel tous ses efforts et toutes ses réussites seront annulés, — le trésor enfin, dont il faut le pourvoir, c'est la Santé.

Or, celle-ci dépend, pour toute l'existence, des premiers soins.

Si je devais choisir entre l'inéluctable fatalité du manque d'hygiène pour le nourrisson, ou des privations pour l'enfant grandi, je n'hésiterais pas. La constitution fortifiée au début de ses ans aurait des chances de résister aux privations futures ; tandis que le bébé qui a « souffort » demeure fragile, quels que soient les soins qu'on prenne par la suite, pour le réconforter.

Je n'entrerai pas ici dans les détails de « l'élevage », abordés par des spécialistes d'une science éprouvée. Je ne puis non plus répéter ce que j'ai écrit dans de précédents ouvrages (1) : mais il m'est permis d'insister, de toutes les forces de ma conscience sur l'importance capitale de l'Allaitement.

Les mères, surtout les primipares, sont à cet égard d'une ignorance désolante. Tantôt elles écoutent des théories de vieilles parentes ; tantôt elles cèdent trop facilement au mari qui ne demande qu'à envoyer au loin l'objet gênant son plaisir ou ses affaires. — Si on élève l'enfant chez soi, la mère agitée ou mondaine lui donne un lait plutôt malsain... — Encore, on fait de la fantaisie au détriment de la misérable petite créature : on essaie sur elle les farines célèbres, et les biberons perfectionnés. Si elle pleure, la tante ou la grand'mère dit : « Pauvre chérie... elle a faim !... elle meurt de faim !... » et la cousine affirme que si elle a le hoquet c'est qu'elle « profite.. » La jeune maman berce le poupon en chantonnant ; et, inconsciente du crime que lui font commettre ses proches, voue la victime aux déchéances physiques, au rachitisme, à la

(1) *Le Livre de cousine Jeanne, la Vie telle qu'elle est.*

tuberculose... Elle mourra peut-être à vingt ans de la façon dont on l'a traitée quand elle avait vingt jours.

J'affirme que malgré le succès apparent, provisoire, tout être alimenté artificiellement patera d'accidents inattendus le défaut d'allaitement au sein. Les méthodes nouvelles, la stérilisation du lait, tout ce que l'on fait n'est qu'un amoindrissement du mal, mais ne remplacera pas la nature.

Une direction très experte en puériculture s'impose, — que ce soit celle du médecin ou de la sage-femme ; une direction observatrice, intelligente, capable de compter avec les hérédités, avec les conditions sociales de la famille... Il ne s'agit pas de prendre aimablement pour guide le docteur X... parce qu'il est parent ou ami ; ni le docteur Y... parce qu'il vous soignera gratuitement, — ni le docteur Z... pour aucune raison que ce soit. — L'enfant est sacrée. Elle passe avant toute considération. Sans qu'elle vous le demande, vous lui avez fait le présent de la vie ; tâchez à ce qu'il ne lui soit pas funeste. — Et parce que c'est justement une « fille » que vous avez appelée sur terre, vous lui devez une particulière sollicitude en raison des fonctions maternelles qui l'attendent à son tour ; et aussi parce que « l'extérieur » lui est encore plus indispensable qu'à l'homme, et que seule la santé lui procurera la Beauté véritable.

*
* *

Jusqu'à sept ans l'enfant n'est qu'un animal, et doit être traité animalement.

Mais comme il ne saute pas brusquement de l'animalité à l'intellectualité, dans la dernière nuit de sa septième année au premier matin de sa huitième, on l'amènera progressivement d'une vie purement matérielle à un commencement d'éducation indispensable. Mon sentiment est que plus on prolonge ses années d'insouciance, de liberté, mieux il s'en trouvera plus tard, à l'époque du développement.

La joie et la turbulence lui sont nécessaires. Libre de ses mouvements, relativement peu vêtu, à terre plutôt que sur les genoux avant qu'il sache marcher, il se roule, se redresse, donnant des coups de rein, essayant ses forces, et se mettant debout tout seul avec le moindre appui, quand ses jambes sont assez solides pour le porter.

J'approuve qu'on habille la toute petite fille en garçon, avec le costume marin à culotte, et qu'on la laisse gaminer ainsi durant quatre ou cinq ans au moins. — Ceci n'exige pas le sacrifice de ses cheveux qu'elle porte en deux nattes attachées par les bouts dans le dos. — Elle grimpe sur les meubles, elle s'étire sur le sol « comme un petit veau... » Sa croissance exige la mauvaise tenue. — A vous de la garder en dehors du salon, afin qu'elle ne gêne personne, — et même s'il est possible, de ne pas l'admettre à la table de famille, où l'on a la faiblesse de lui accorder les choses défendues par le règlement dont la stricte observance, seule, lui « ferait un estomac ».

Autant qu'on le pourra, elle aura le jardin, l'air, l'eau, le sable pour s'amuser. — Si elle en est habituellement privée, on prendrait garde, le cas échéant, au brusque changement... Il n'est pas sans danger de transplanter les petits citadins à la mer ou sur les altitudes, au grand soleil, au vent, au pataugeage dans l'eau froide. Une prudente accoutumance s'impose.

Du reste, l'hygiène d'un organisme doit toujours dans ses règles, être mesurée aux forces du sujet. Même est-il bon encore de se méfier de l'excessive robustesse de quelques-uns ; elle prédispose aux maladies violentes.

J'ai la conviction que l'enfant doit téter au moins jusqu'à la pousse de ses grosses dents, en adjoignant au lait de femme les bouillies, la phosphatine, les petits potages ordonnés par le médecin ; et je suis persuadée qu'il y a le plus grand péril à lui donner de la chair et de l'alcool... pendant toute son enfance.

Je regrette de lui voir prendre trop tôt du vin, du thé, du café... Il n'a pas besoin d'*excitants*. Il doit se fortifier, mais non s'énerver.

La propreté interne, plus importante encore que la propreté extérieure, — car elle a le dommage sournois, — sera obtenue par le triple fonctionnement quotidien des entrailles, du rein et de la peau Quand les organes, après s'être assimilé la nourriture qui leur convient, éliminent parfaitement, selon les lois de la nature, *on ne connaît pas la maladie ;* on est réfractaire aux contagions; et les inévitables accidents qui peuvent survenir à l'individu parfaitement sain, perdent beaucoup de leur gravité.

Le repos des yeux doit être absolu jusqu'à quatre ou cinq ans, et très « ménagé » toujours. Le petit enfant ne peut encore que *voir*, sans posséder la force de *regarder*. Il n'a pas non plus l'obligation d'*apprendre*. Ce qui entre dans sa petite cervelle par la force des choses, presque malgré lui, suffit à son intellectualité présente.

Puisque nous osons heureusement aborder aujourd'hui des questions délicates devant lesquelles reculaient autrefois de fausses pudeurs, attirons l'attention des mamans encore novices, sur le danger des « mauvaises habitudes » prises très innocemment par les enfants en bas âge. Je n'ai pas autre chose à dire que de conseiller la surveillance et au besoin l'avis du médecin.

*
* *

La Beauté est une arme très légitime, et absolument nécessaire à la femme de toute condition (1). Je parle de cette beauté saine, avenante, que l'on recherche même chez une servante. C'est la vraie beauté, celle qui se passe de la coûteuse et accaparante « toilette » ; celle qui rayonne d'autant plus quand elle n'a pas de parure ; qui ne craint pas le grand jour, et défie longtemps les années.

De la santé du bébé, puis de l'enfant grandissante, dépend le développement normal et probablement harmonieux du corps. Ni maigreur ni bouffissure. La colonne vertébrale est droite. Afin d'obtenir l'égalité des deux moitiés verticales de la personne, on obligera la petite fille à se servir de ses deux mains, faisant travailler la gauche sinon à des œuvres aussi minutieuses que la droite, mais aussi fréquentes.

Tout défaut congénital ou accidentel a les plus grandes chances d'être corrigé par les merveilleux progrès de la science. Il serait donc très coupable, même dans la classe inférieure, de laisser une pauvre enfant devenir infirme, ou grandir avec des difformités, des laideurs, auxquelles on peut certainement remédier, surtout à l'âge où la chair, les muscles, les os, tout en étant malléables, ont une puissance de vitalité favorable à tous les efforts de redressement, d'amélioration, de guérison.

La pauvreté des parents n'est pas toujours un empêchement aux traitements savants. Il y a

(1) *Conquête et culture de la Beauté*, par la Ctesse Lutécia.

aujourd'hui un mouvement très prononcé en faveur de la conservation de la race. Les professeurs dans les cliniques, dans les hôpitaux, font un grand nombre de cures gratuites. Des dons généreux aident parfois aux dépenses accessoires. Je suis sûre qu'une mère, sans argent, qui voudrait vraiment préserver sa fille d'une disgrâce certaine, le pourrait si elle le voulait énergiquement et intelligemment.

Il est important d'interdire à l'enfant les grimaces, les fâcheuses manies que souvent elle serait tenter de contracter, en se tirant les oreilles, le nez, le coin de la bouche, et aussi en s'arrachant les cils, en rebroussant les sourcils, etc.

L'expression du visage deviendra charmante, aimable, enjouée, en raison des impressions que l'on procurera volontairement ou non à la jeune créature. Un « pli » se prend vite, et demeure sur ses traits délicats. Sans prétendre qu'il faille faire grandir une fillette parmi les chefs-d'œuvre de l'Art, il est à souhaiter qu'on l'entoure tout au moins de choses riantes, de caractères gais, d'exemples heureux. L'enfant est un petit singe, imitateur aussi bien de l'attitude noble que du geste « voyou... », de la mine souriante que de la moue boudeuse et renfrognée. Sans doute, il n'appartient pas à tous d'élever les enfants sur les genoux des marquises à talons rouges ; mais on réussit toujours dans une certaine mesure à écarter d'eux la laideur et la grossièreté ; puis, entre les actes dont ils auront l'obligation, à leur enseigner de choisir le plus convenable.

Évidemment toutes les règles que l'on essaie de poser sont destinées à fléchir devant les exigences de chaque situation. On ne peut que dire : « Il est à souhaiter que telle chose soit faite. »

J'ai dit plus haut qu'à tous les points de vue, la petite fille doit vivre dans un état d'insouciance absolue... La période presque inconsciente de sa vie est si courte qu'il est toujours cruel de l'abréger, sinon par force.

Autant il me semble dangereux d'entretenir l'erreur et d'inutiles illusions chez la jeune fille, autant je crois salutaire de maintenir la très jeune enfant dans l'ignorance complète de tout ce qui peut troubler sa sérénité. Ce qui l'effraie, ce qui l'impressionne péniblement lui sera épargné. Les images représentant des sujets terrifiants : crimes, incendies, bêtes méchantes, seront soigneusement écartées de ses yeux. On n'imagine pas, à moins qu'on se souvienne de sa lointaine enfance, des cauchemars affreux dus pour les petits, aux Croquemitaine, Mère Fouettard, Diables et Squelettes dansants, des livres ou des spectacles de marionnettes. Les coups de bâton de Polichinelle, même! épouvantent parfois les trop jeunes bébés.

Les enfants du peuple sont moins sensibles

que ceux des classes cultivées. Elles ont tôt vu bien des choses pénibles. Souvent elles sont victimes, justement de leur confiance. Combien ont suivi vers une horrible mort, l'homme qui leur promettait des gâteaux? — ou même la femme caressante, trompeuse... Il est indispensable de dresser la petite fille à ne suivre *personne* sans l'ordre de ses parents. Ceux-ci désigneront les amis, les serviteurs, les proches auxquels l'enfant peut se confier. On exigera également d'elle l'obéissance la plus rigoureuse dans les cas de précaution contre un danger. C'est peut-être la seule circonstance où j'autoriserais le châtiment corporel, s'il n'y a pas d'autre moyen d'obtenir la soumission. Quand le péril est là, on n'a pas le temps d'expérimenter les théories éducatrices.

La très petite fille n'a pas besoin de « camarades », surtout quand elle appartient à un milieu aisé. Si ceux qu'on lui donne sont plus forts, plus « avancés » qu'elle, il les lui faut subir, et en souffrir parfois. Si au contraire elle les domine, elle s'excite souvent à l'abus de pouvoir, au despotisme.

Quand plusieurs enfants sont élevés ensemble, il importe qu'un grand esprit d'équité émane des parents, empêche les jalousies... — et que les manifestations fâcheuses des natures, de chacun très observées, soient réprimées avec tact. L'avenir de la famille dépend de cette période initiale.

Jusqu'à cinq ans au moins, la petite fille n'a pas de meilleur camarade que sa mère. — Celle-ci, lorsque ses devoirs ne sont pas partagés et qu'elle donne tout son temps à cette tâche, fait le sacrifice presque complet d'elle-même. C'est un moment à passer. Plus la jeune femme en accepte franchement les obligations, plus elle se libère dans le futur, parce que l'adolescente et la jeune fille qui sortiront de l'enfant, solides au physique et bien préparées au moral, seront exemptes d'une foule de maux dont les tempéraments malingres donnent le perpétuel souci, et que les mauvais caractères s'attirent.

J'ai émis précédemment cette théorie : que le petit animal humain a le devoir d'être très « mal élevé... » On a compris, j'espère, que je pensais uniquement aux manières conventionnelles dont on peut le dispenser provisoirement. Je n'ai jamais entendu supprimer l'éducation morale qui doit commencer dès le berceau.

Cette éducation n'aura pourtant de résultat que dans une certaine mesure. La nature véritable du sujet, contrainte, pliée pendant des années, parfois! se redresse et prend sa revanche dès qu'il lui devient permis d'échapper au joug dominateur. — L'éducation n'a d'effet que par la persuasion. — Or il semble fort difficile de « persuader » un petit être qui ne raisonne pas encore... On lui donne pourtant une sorte de direction dont il gardera l'*empreinte*. Il me paraît qu'elle ne soit pas ineffaçable complètement, qu'elle laisse à l'âme sa trace, comme laissent à la chair les marques bonnes ou mauvaises des traitements qu'elle a subis.

A cause justement de cette empreinte, il y avait beaucoup de bon dans l'éducation du couvent, insuffisante et incompatible aujourd'hui avec nos mœurs. Elle avait une valeur fondamentale réelle, composée de divers éléments : respect, scrupules, discipline, responsabilité des fautes commises, examen de conscience, humilité, renoncement... De toutes ces vertus religieuses, il restait quelque chose, même si plus tard la foi diminuait. Les manières étaient douces et polies ; l'exactitude et la soumission aux menues obligations quotidiennes rendaient les rapports souvent plus « veloutés... » Sans doute, quelques âmes sans noblesse changeaient tout cela en hypocrisie... Ce système, comme tous les systèmes, avait son revers... Mais ne saurait-on l'étudier et lui prendre ce qu'il avait d'humain?... Notre but étant de faire de notre intéressante élève, un être de force et de vaillance, notre devoir est de nous rappeler que la véritable énergie n'a rien de brutal ; qu'elle s'exerce avant tout sur soi-même, et qu'elle n'exclut aucunement ni la douceur ni l'élégant mensonge du savoir-vivre.

Nous disons donc que l'éducation doit commencer dès l'heure de la naissance, car ce petit être dont les yeux ouverts ne voient cependant pas encore, est déjà malicieux et têtu. Son instinct lui révèle qu'il obtient qu'on le berce, qu'on lui donne son lait hors de propos, lorsqu'il persiste à vous ennuyer de ses cris... Ce sera un despote si vous lui cédez. — Soyez donc aussi tendre, aussi attaché que possible à cet innocent, mais ne le « gâtez » pas. Montrez une irréductible fermeté. Que *non* soit « non »... Et ne prononcez pas ce « non » si vous n'avez pas raison de le dire, si vous n'êtes pas certain de le maintenir... Il n'est pas habile d'afficher un pouvoir que l'on ne saura pas faire respecter. Mieux vaut en ce cas ne le point manifester.

Cette petite fille à laquelle vous n'imposerez nulle contrainte physique, qui jouera bruyamment peut-être? cessera ses jeux, sur-le-champ, quand vous le lui commanderez. — Elle obéira simplement, parce que votre autorité sera juste, exercée sans nerfs, sans caprice, — par devoir. Les premières impressions de l'enfant rencontreront non pas le droit révoltant, tyrannique, du plus fort, mais la domination tendre et sage que l'on respecte, qu'on apprécie et qu'on bénit plus tard.

Dans la toute petite enfance, — et comme on le ferait exceptionnellement envers un animal par trop rétif, — la punition corporelle sera peut-être nécessaire, afin que sa dureté laisse un souvenir dans la mémoire d'un enfant qui serait indomptable autrement. Je n'aime pas ce moyen.

Je le compare en son genre à la peine de mort qui a des partisans. Je ne l'admets qu'à la condition que son emploi soit rarissime et en quelque sorte... majestueux, infligé pour « faire un exemple... » Je ne pense pas qu'il soit utile hors des milieux populaires où l'enfant, grandissant sans surveillance, peut obéir à de mauvais conseils, à des instincts vicieux.

Quant aux « taloches » si libéralement distribuées dans les classes vulgaires, elles n'ont aucune excuse. Si elles font mal à celle qui les reçoit, il y a méchanceté d'en user; si elles ne se font pas sentir, ou peu, la petite s'en moque.

Il est préférable à tous égards de s'adresser au sentiment. Évidemment, il est à l'état d'ombryon dans les primes années; cependant on le voit poindre et grandir surtout si on le cultive un peu.

« Ne fais pas ceci, cela causerait du chagrin à maman... Fais cela, pour faire plaisir à papa... », sont de petites formules commodes. Les raisons d'ordre religieux sont efficaces également, lorsque l'esprit de la famille s'y conforme. Plus loin nous en parlerons en toute liberté.

A mon sens l'abus des croix, des prix, des glorioles, actionne la vanité, et n'a pas l'influence morale que je cherche toujours. — Je préfère infiniment qu'un cadeau, un plaisir, soit la récompense de la bonne conduite ou du travail; et que ces satisfactions ne soient accordées qu'au *mérite*. — Toute petite, notre future femme s'imprégnera de cette idée salutaire, que les « joies » ne sont dues à personne ; qu'elles doivent être conquises par l'effort en un sens quelconque.

Si l'espiègle nous dit :

— Et toi ?... Tu fais bien tout ce que tu veux !...

Il serait à désirer que vous puissiez lui répondre :

— « J'en ai acquis le droit par mon obéissance, mon travail passés... Et encore aujourd'hui lorsque je me permets la chose qui me plait, c'est après avoir rempli tous mes devoirs. — Tu le sais, tu t'en rends bien compte? »

Si ce genre de discours dépasse la compréhension d'un bébé de trois ans, il est fortement senti, croyez-le, par une fillette qui va vers ses huit ans.

J'ai la persuasion, et je soutiens que le plus noble et le plus merveilleux moyen d'éducation est le respect de la Vérité.

Il faut l'exiger de l'enfant et le pratiquer envers lui — envers tous.

Chez le garçon le mensonge est brutal, vilain... Chez la fille, il se fait presque joli... Il prend souvent le masque d'une spirituelle malice... La ruse, la rouerie, sont essentiellement féminines. Les encourager par des rires équivaut à les approuver.

J'avais peut-être quatre ou cinq ans lorsque je reçus une leçon profitable, de la part d'une brave campagnarde qui ne se doute pas dans l'autre monde où elle est probablement, que plus d'un demi-siècle après, je lui en garde encore de la reconnaissance.

Cette femme vendait des légumes et des fruits, « au panier », dans la rue Basse-du-Rempart, juste à l'endroit qui est de celle-ci le dernier vestige. — Un matin de printemps, tandis que ma bonne lui achetait je ne sais quoi, je tombai en arrêt devant des fraises !... les premières fraises de la saison!... Une envie folle me prit d'y goûter. Plus je les regardais, plus ma convoitise s'aiguisait. Je n'osais pas en demander, car j'étais habituée à ne pas avoir de désirs, de caprices... ou plutôt à ne pas les exprimer... Dans ma petite caboche se fit alors tout un travail... On m'avait souvent dit que j'étais « jolie. » Je prenais au sérieux ce compliment-là, ignorant que la politesse le doit aux mères. Par quelle intuition savais-je déjà que la beauté rend la femme irrésistible? Quelle native coquetterie couvait donc en moi?... Toujours est-il que pénétrée du pouvoir de mes charmes, je me tournai vers la marchande, je minaudai avec toute la grâce dont je me sentais capable :

— « Madame... Je vous prends une fraise... »

Je n'avais pas même eu le temps d'avancer mes doigts en pincette vers la queue d'un des rouges fruits tentateurs, que je recevais une tape sur la main, et qu'une grêle de paroles criblait mes illusions :

« Veux-tu bien laisser... Espèce de petite gourmande... de petite mal élevée... A-t-on jamais vu ?... »

Devant « le monde », et sachant que ma bonne raconterait mon humiliation, — me voir ainsi corrigée me causa une impression inoubliable.

Si je rapporte cette petite anecdote personnelle, c'est parce que je la juge caractéristique. Elle démontre que la Femme en naissant possède la mentalité qu'eut son aïeule plus ou moins mythique : Ève. — Je n'étais pas flattée ni gâtée ; pourtant il avait suffi de quelques admirations banales, menteuses peut-être ? pour faire éclore en moi le calcul, et la vanité. — Non, il ne faut pas encourager les « finesses » des petites filles. Quoique l'on soutienne le contraire, je persiste à croire que la Droiture est l'arme victorieuse des Forts ; et que les diplomaties astucieuses ont fini leur temps, sont devenues de détestable politique.

Donc, on dépistera les tendances simulatrices ou dissimulatrices de l'enfant, même si elles semblent intelligentes... Ce n'est pas encore pour la petite fille l'heure d'être adroite. Si elle n'est déjà plus loyale, candide, ouverte, ne me dites pas qu'elle est « innocente ».

Bien pis encore est le mensonge avéré. Alors, que la punition impitoyable exile le coupable de notre présence pendant quelques heures ; affectons de ne plus lui parler, d'avoir perdu toute confiance en elle, toute estime de sa petite personne... L'enfant sera extrêmement sensible à cette forme de châtiment. L'amour-propre, lorsqu'on sait s'en servir, constitue un excellent agent de répression.

Persuadez à la petite fille que *mentir* est encore plus bas, plus lâche, plus hypocrite que *voler*... L'enfant *qui ne ment jamais* est d'avance préservée d'une foule de fautes et d'accidents, car à tout âge, le « crime » est toujours précédé d'un entraînement composé de plusieurs fautes successives. Parfois, le premier pas dans la mauvaise voie fut involontaire ; si les circonstances avaient obligé celui qui le fit, à s'en confesser, il est probable que quelqu'un lui en ayant montré le danger, il n'aurait pas fait le second... suivi du troisième et de tous les autres.

Afin d'obtenir la franchise de l'enfant, il ne faut pas lui mentir, même dans une bonne intention. Tromper sa confiance c'est la perdre. Je me rappelle l'impression que je ressentis, le jour où je découvris que le Petit Noël n'existait pas, et que mes souliers dans la nuit du 24 décembre étaient remplis par mon entourage... Je ne m'expliquais pas le but de cette supercherie. J'étais un peu vexée de m'y être laissé prendre. Désormais je me méfierais de tout.

Si vous trompez la fillette pour l'amuser, détrompez-la vous-même assez vite, de façon qu'elle comprenne qu'il s'agissait d'un jeu et non d'une affirmation sérieuse.

Si elle vous pose une de ces questions embarrassantes auxquelles il est vraiment bien difficile de répondre, tirez-vous d'affaire avec une vérité relative et non par un mensonge. Je prends la plus épineuse de toutes comme exemple, d'après l'avis des familles : — « Comment viennent les enfants? »

Moi je répondrais simplement ceci :

— On dit aux petites filles curieuses qu'on trouve les bébés dans les choux... Moi qui ne te trompe jamais, je préfère te dire que cela n'est pas vrai. Seulement, la naissance, très difficile à expliquer, n'est comprise que quand on connaît l'Histoire Naturelle. Alors, les parents, pour ne pas s'évertuer à dire des paroles inutiles, se débarrassent des explications avec la légende du chou. Moi je te promets que quand tu seras assez instruite pour savoir la vérité, tu la sauras.

C'est cette loyauté qui inspire à l'enfant le respect du supérieur : père, mère, institutrice, éducateur quelconque.

Le Respect est une chose *qui ne s'exige pas*. On le mérite; il s'impose.

Je crois peu à l'éducation ni même à l'exemple, — car il arrive fréquemment que le jeune homme ou la jeune fille prennent le contrepied de tout ce qu'on leur a enseigné, démontré par la parole ou par le fait. « A père avare, fils prodigue », est un dicton très vrai.

Mais j'ai constaté l'influence des « milieux ». J'ai rarement vu qu'un être jeune échappe à l'ambiance... Il ne deviendra pas distingué parmi les gens communs, ni sobre parmi ceux qui boivent... Il jouera avec les joueurs; il se moquera si l'on raille autour de lui, habituellement.

Or, le Respect manque aux générations actuelles, parce qu'elles sont arrivées à une époque de démolition générale. On jette bas tous les dieux sans avoir dressé d'autres autels... Demain sera meilleur, probablement, car il faut à l'homme un Idéal quelconque.

Donnons donc aux enfants, d'abord le respect de toutes les choses religieuses, *à quelque culte qu'elles se rattachent*. Elles représentent la croyance de quelqu'un, et ont droit à autant de déférence que les leurs.

Les vieillards, les infirmes, les déshérités, les pauvres, tout ce qui est faible mérite notre protection, une sorte de piété *respectueuse*. Rire d'un bossu prépare l'enfant à se moquer de son aïeul.

Ce respect doit s'étendre à certains objets pieusement considérés. Lorsque leur destruction s'impose, la flamme les anéantit sans profanation. Le pain, par exemple, ne doit jamais être jeté; symbole du plus impérieux des besoins et du plus auguste travail, il mérite de n'être pas foulé aux pieds; même à l'état de croûtes, il nourrit encore les bêtes. L'enfant accoutumé à certains respects ne les perd jamais assez complètement pour verser dans l'outrage.

Dressez aussi la petite fille à ne pas « gâcher », en lui parlant de ceux qui « manquent... » Donnez-lui ce sentiment de compassion générale, qui n'a rien de commun avec la sensiblerie », et qui a une portée sociale. Ainsi, voir se perdre un goujon cuit que personne n'a mangé, m'attriste, parce qu'une petite vie heureuse a été sacrifiée sans profit aucun... Si elle avait servi seulement à satisfaire un palais gourmand, je ne déplorerais pas la destruction de l'être presque éphémère, pris dans l'engrenage fantastique de la création... Mais une mort, une souffrance plus ou moins longue, sans effet... pour rien!... — c'est dommage.

La vénération et la pitié réunies conduisent à la *vraie* bonté, durable, raisonnée, allant du haut en bas de l'échelle, plaignant peut-être les peines secrètes des puissants et soulageant la détresse du dernier des insectes.

Il faut protéger les animaux nos frères muets, d'autant plus touchants qu'ils ne peuvent presque jamais exprimer leur souffrance, et qu'ils sont livrés à notre merci.

Les saints ont aimé les bêtes, dont les prêtres ont eu le grand tort de ne pas s'occuper.

Aujourd'hui, en proclamant leur tendresse pour elles, des hommes de grande valeur s'en constituent les avocats. Ils ont reconnu notre devoir envers la faiblesse des êtres inférieurs; la portée d'une éducation populaire à cet égard; et les raisons philosophiques plus encore que compatissantes, qui doivent la diriger.

La petite fille est inconsciente du mal que peu à peu elle s'accoutume à faire, si on ne lui révèle sa cruauté. — A trois ou quatre ans, j'écrasais des mouches entre les rideaux et la vitre, pour voir éclater le ventre de l'insecte et se produire la perle rouge du sang. J'assistais à l'égorgement des pigeons, sans me rendre compte qu'on les tuait. Comme tous les enfants, à cette époque j'ai eu des hannetons au bout d'un fil, et des papillons empalés... Aujourd'hui de tels jeux ne sont plus permis. La juste sensibilité est enseignée. Elle défend de supplicier inutilement le plus humble ver de terre, et elle conseille de ne pas écouter la fausse pitié qui laisse souffrir un animal inguérissable au lieu de lui accorder le bienfait de la mort prompte.

Non seulement la cruauté, mais la méchanceté est à l'état latent dans les très jeunes âmes. On en surprend des manifestations inconscientes, qu'il faut réprimer avant qu'elles marquent le caractère de leur empreinte.

C'est encore en ma personne que je vais prendre l'exemple nécessaire pour expliquer ma pensée. Le « moi » ne saurait être haïssable quand il s'agit d'analyser un mauvais sentiment et d'en tirer une déduction :

J'avais moins de sept ans, lorsqu'une jeune ouvrière vint travailler en journée chez nous. Vers midi quelqu'un s'inquiéta d'elle : depuis huit heures elle tirait l'aiguille... Elle devait avoir faim !...

— « Il faut bien qu'elle gagne son déjeuner », fis-je avec une aigreur, une dureté, qui m'attirèrent une semonce des plus sévères.

Pourquoi ai-je prononcé cette phrase orgueilleuse, que j'entends encore au dedans de moi, à l'instant où j'en évoque le souvenir?... Je n'en sais rien. J'aurais tout aussi bien pu chantonner *turlututu*... J'imagine que les perroquets en parlant par hasard à propos, et les petites filles en disant des sottises qu'elles ne comprennent pas, obéissent à des impulsions identiques... — Il n'en est pas moins vrai que si au lieu de m'expliquer l'injustice et l'inhumanité de mes paroles, on n'y avait apporté aucune attention, je les aurais crues *approuvées*... — et certainement ma cervelle aurait continué à se développer dans un sens fâcheux que j'ai constaté depuis chez d'autres enfants despotes.

On oublie trop d'enseigner que l'estime et la juste rémunération du travail constituent la véritable bienfaisance. — Les jeunes mamans envoient volontiers leur bébé jeter un sou dans le chapeau crasseux d'un mendigot, en général peu intéressant. Elles sourient et s'imaginent apprendre l'aumône à la fillette... La jolie madame, le mendiant, l'ange blond, forment un attendrissant sujet de chromos... Mais la morale est faussée. On prépare la jeune fille à être dupe des professionnels de la mendicité, voilà tout.

Bien préférable serait la leçon qui fait remarquer la fatigue de l'homme accablé d'un fardeau ; la peine de celui qui travaille aux intempéries ; les risques de ceux qui vivent d'un dangereux labeur... — Apprenez à la petite fille que la première des charités est celle qui épargne un effort superflu, une attente évitable, les effets des caprices, des indécisions, des marchandages, les retards de paiement aux travailleurs. Dites-lui que la politesse et les égards allègent la tâche...

La petite fille du reste ne se permettra jamais de donner des ordres aux serviteurs. Elle est *chez* ses parents et n'a aucun titre pour commander. Elle réclamera les services exigés par son âge, prescrits à ses besoins, et nullement dus à ses petites volontés. En parlant des domestiques, jamais elle ne prononcera cette parole odieuse : « Ils sont payés pour cela... ». Le salaire en échange d'une somme de travail est une convention qui n'exclut en rien le respect ni la dignité des *deux* contractants.

Sans doute il faut avoir un peu plus de sept ans pour apprécier la portée de certaines théories morales, mais on doit très tôt les pratiquer par obéissance, et prendre ainsi le pli du bien au lieu de celui du mal.

*
* *

L'énergie, le courage physique, se développent également dès le plus bas âge.

Les petits ignoreront la peur, si on ne les épouvante pas sottement. L'impressionnabilité est si profonde chez eux, qu'on voit des femmes souffrir jusqu'à l'extrême vieillesse de la terreur des revenants, de l'orage, de l'obscurité, — qu'on leur infligea quand elles étaient presqu'encore au berceau. J'en ai connu une qui « personnifiait » le Choléra !... Elle en redoutait le fantôme.

L'enfant habituée dès sa première nuit d'existence, à dormir dans une pièce sans lumière, à s'y éveiller dans « le noir », ignore en quelque sorte la différence — au point de vue pusillanime, — qui existe entre celui-ci et la clarté. L'éclair ne l'effraie point, si sa mère ne se cache pas toutes les fois qu'il tonne.

Lorsque la petite fille montre la plus légère appréhension de quoi que ce soit, sans la violenter surtout ! on la familiarise avec la chose « effrayante ». J'ai vu un pauvre bébé terrorisé par des manchons de fourrure, quelqu'un ayant eu la sotte idée de lui dire que c'était « des bêtes »... que « ça mordait »... — Lorsque l'enfant a vaincu sa crainte, il est bon de la complimenter, de lui donner un peu l'orgueil du courage. C'est un des très rares orgueils qu'il faut approuver.

Un certain stoïcisme dans le mal physique s'acquiert aussi, aisément. Il suffit quand la petite fille tombe, se fait un « bleu », se blesse légèrement, de ne pas exciter ses pleurs en l'embrassant, en la plaignant, en la cajolant. Cela n'empêche aucunement de la soigner et de surveiller surtout les suites d'un accident d'apparences insignifiantes au début, qui peut avoir de la gravité, cependant. Encore faut-il apporter du bon sens à ces soins. Les « bobos » ne valent pas qu'on s'en occupe. On rassure l'enfant, on lui dit de ne pas pleurnicher, ni geindre, qu'être « douillette » est chose honteuse. Plus tard la femme saura que les larmes ne sont d'aucune utilité, et qu'elles ennuient tout le monde après avoir apitoyé un court instant. On n'aime pas les « scènes » dans la vie en commun ; les « vapeurs », les crises de nerfs sont depuis longtemps passées de mode. La neurasthénie est devenue ridicule. Il n'y a plus que les femmes sans éducation pour crier, se trouver mal, compliquer les malheurs, par des lamentations. Les femmes de race ont toujours donné l'exemple de l'héroïsme en France ; pourquoi toutes les femmes ne deviendraient-elles pas

« de race ? » C'est le courage qui fit les premiers nobles... Elles n'ont qu'à être courageuses pour s'annoblir... Il n'y a là nulle forfanterie : chacun sait que l'imagination, la crainte, augmentent tous les maux ; que le sang-froid en évite beaucoup ; que l'empire sur soi-même en diminue considérablement l'importance et les effets.

*
* *

Les premiers contacts des tout petits avec « le monde » se produisent de deux manières : par les jeux avec des enfants de leur âge, et par la présentation aux grandes personnes qui ne sont pas de leur entourage constant.

Je me prononce nettement en faveur de la Co-Education des deux sexes, pratiquée partout à l'étranger, sinon dans toutes les écoles, au moins dans les relations quotidiennes. C'est l'avenir de la société, cette fusion fraternelle des êtres que d'imbéciles convenances ont trop séparés.

Seulement, pour qu'elle donne de bons résultats, il est obligatoire de la commencer à l'aurore de la vie, quand les enfants sont encore, en quelque sorte, insexués. Sous une surveillance adroite, délicate, ils grandiront ensemble, n'ayant aucune curiosité les uns des autres. Accoutumés sans ridicules pudibonderies, mais avec une décence réelle, à mêler leurs ébats, franchement, ils ignoreront les perversités qui, en somme, proviennent toujours de malsaines excitations. Nous savons parfaitement que l'impudeur ne se révèle pas dans la nudité, mais dans l' « intention » qu'on a eue, en se dénudant... Les épaules décolletées au bal seront tout à fait inconvenantes dans l'intimité d'un appartement. La tenue de bain sur la plage ne choque personne... Quel émoi elle produirait dans les rues!... Il y a certains habillements qui « provoquent » plus effrontément que les pires déshabillés.

Faites des filles loyales, elles seront chastes; quand viendra pour elles l'heure d'aimer et d'être aimées, elles aimeront honnêtement.

Je sais ce que vous allez me répondre : « En France ce n'est pas possible... Les hommes ne respectent pas les jeunes filles »... Nous recauserons de cela plus loin... Pour l'instant nous parlons de bébés, de petits garçons... J'ai demandé la Co-Education discrètement surveillée, parce qu'une surveillance ouverte, maladroite, éveillerait justement les idées inconnues de l'innocence. Il est nécessaire cependant d'être en garde contre des... imprévus. Aux familles de bien choisir les camarades de leurs fillettes.

La petite fille appelée au salon, ne doit pas y venir en pleurnichant, cachée dans les jupes de sa mère, ni, non plus, en « représentation ».

Dans le premier cas, elle n'est pas encore assez

mûre pour être mêlée, même d'une façon toute passagère, aux grandes personnes; dans le second cas, on a tort de la présenter prématurément en « petite femme ».

L'enfant appelée à paraître devant les invités plus ou moins nombreux de sa mère, doit avoir une accoutumance préparatoire, des manières naturelles, une toilette soignée, mais non « bichonnée » à l'excès. Je me rappelle avoir voulu faire descendre une bambine de deux ans et demi, chez des voisins qui habitaient à l'étage au-dessous. Elle refusa, en alléguant d'un air important qu'elle n'était « pas habillée »... C'était pitoyable!... Tant qu'elle ne s'appartient pas, qu'elle est sous une direction quelconque, la fillette, même devenue jeune fille, ne doit pas avoir conscience de « la toilette ». Cela n'empêche pas que sa mère la prépare, par son propre goût, à en avoir elle-même; — seulement, c'est presque à son insu.

La seule chose à laquelle il faille l'accoutumer, c'est la bonne tenue et la propreté. Cette toute petite, qui s'amuse avec la terre, l'eau, les cailloux, tout ce qu'on trouve dans les bois et sur les rivages, — avec ses jouets naturels, enfin! qui ne sont pas « sales », — ne supportera rien de gras, de poisseux, de vraiment malpropre après ses menottes. Elle ne voudra pas de taches sur elle; peu à peu devenant très « blanche hermine », elle apportera dans l'accomplissement de toutes les fonctions prosaïques à laquelle est condamnée l'humanité, la délicatesse compatible avec chacun de ses actes. La femme vraiment « distinguée » est par exemple celle « qui sait le mieux manger ».

Il y a écueil à éviter entre l'idolâtrie de certains parents et la méthode contraire qui, sous prétexte de combattre la vanité d'un jeune sujet, l'humilie à chaque instant.

Rendre une fille vaine serait détestable ; mais la décourager, c'est la désarmer dans la lutte future, et la placer en perpétuelle infériorité, en la rendant « timide ».

On n'est pas timide de naissance ; personne ne serait timide si l'on ne nous donnait pas le doute de nous-même ou que les circonstances ne nous le donnassent pas.

— Les bébés ?... m'objecterez-vous.

Les bébés sont « sauvages », mais non timides. Ils n'aiment pas les personnes qu'ils ne connaissent point. Ils sont, au contraire, extraordinairement hardis avec celles de leur familiarité.

— Les artistes... les orateurs les plus fameux ont le « trac »...

Ils l'ont durant un moment... C'est de la modestie, et non de la « timidité »... Leur « trac » se dissipe vite ; ils en souffrent mais n'en sont jamais paralysés. Le public s'en aperçoit rarement.

La vraie Timidité devient une maladie chronique lorsqu'on vous la fait contracter très jeune. Qu'est-elle, en somme? La crainte inavouée du *ridicule*... Crainte nationale !... Nous ne sommes pas assez simples, nous nous occupons beaucoup trop de l'effet que nous produisons, de ce qu'on dira de nous... Quand nous souffrons de la timidité c'est que nous ne sommes pas sûrs de nous, de nos talents, de notre jugement, de notre expérience, d'une chose quelconque enfin, qui risque de nous mettre en fâcheuse posture.

Lorsque nous sommes dans un milieu sympathique, livrés à l'accomplissement de nos besognes coutumières, avec la certitude de les réussir, nous sommes « à notre aise », et en possession de tous nos moyens. Nous nous sentons « agréables » et nous jouissons du moment présent. La « peur » ne nous prend que si nous doutons tout à coup, devant témoins, de nos moyens physiques, de notre mémoire, de notre éducation... Il s'agit donc de réaliser autant que possible et d'une façon constante, l'état favorable de sécurité.

Sans avoir aucune hardiesse déplacée, ni le mauvais ton qui déplaît tant ! la femme moderne doit être d'*aplomb*, c'est-à-dire ne pas rougir, balbutier, perdre contenance pour un oui ou un non .. Même dans les rangs les plus inférieurs : servante, par exemple, on la bousculera si elle est gauche et apparemment inintelligente. Appelée à voyager, à travailler, il lui faut la confiance en soi, la juste assurance qui provient d'une solide éducation en rapport avec les prévisions de sa destinée active.

Pour cela, on l'habituera toute petite au contact des gens et des événements, non pas en la « produisant » trop et trop tôt, mais en l'« apprivoisant » pour ainsi dire, et en ne l'exhibant que quand on ne l'expose à aucune défaveur.

Par exemple : doit-elle dire une fable ?... Que ce soit la plus courte, la « parfaitement sue ». Il faut que son petit succès soit *certain*.

S'agit-il de la musique?... La gamme d'*ut* majeur, faite sans faute, lui valant le compliment d'un connaisseur, vaudra cent fois mieux qu'une « Récréation » jouée en tremblant, avec des accrocs. Sa gamme impeccable l'a encouragée ; son petit morceau mal exécuté la rend nerveuse, lui inspire la défiance d'elle-même pour l'avenir... Elle aura beau le retravailler, c'est fini... Elle aura le « trac » aux passages où elle a failli...

La fillette, l'adolescente, la jeune fille, la femme, doit rester fidèle à ce principe : ne faire que ce qu'elle fait convenablement ; ne pas sortir de la sphère où elle sait évoluer avec aisance.

Lorsque les événements la contraignent à transgresser cette règle, qu'elle agisse simplement, sans vouloir *paraître* savoir ce qu'elle ignore ; ni être ce qu'elle n'est pas.

Il convient donc, sans jamais flatter la petite fille, de lui dire, loyalement, ce qu'elle a fait bien, » et de ne pas l'abêtir en se moquant de ses défauts, surtout physiques... Si elle est disgraciée, on relèvera au contraire son courage, en lui montrant la possibilité de plaire par ses qualités morales.

Plus on remarque de précocité intellectuelle chez la fillette, plus il est indiqué de la ménager.

Certainement les parents sont très excusables d'être fiers de la floraison hâtive de leurs enfants, et de s'en amuser passionnément. Ils oublient — et il est nécessaire de le leur rappeler — que ces petites ne sont ni des jouets, ni des perroquets parlants, ni des singes savants.

N'en déplaise aux familles, ma comparaison ne pêche pas par l'exactitude : il y a une très mince différence entre un bébé et un jeune animal dressé. Ils n'ont guère plus de compréhension l'un que l'autre. Tous deux agissent par instinct, par esprit d'imitation, ou par soumission à un mode quelconque de dressage.

Si par hasard l'enfant est vraiment compréhensif, en raison du milieu intellectuellement surchauffé où il grandit, ou parce qu'en naissant, il apporte des facultés « monstrueuses » — ce terme étant pris dans le sens de *phénoménal* — il devient prudent de retarder le plus possible l'éclosion de ses dons.

Les parents se persuadent aisément que le nouveau-né les « regarde » de ses yeux ouverts mais non encore « voyants », et qu'il leur rit quand la colique lui fait faire une grimace... Egalement ils prennent pour des manifestations de la pensée, du raisonnement, les « mots » des très petits. Il y a là erreurs absolues.

Les drôleries enfantines sont : ou l'effet du hasard, ou le résultat d'impressions incohérentes, assez semblables à celles qui produisent nos songes. Il nous arrive de dire en rêve des choses stupides, comme d'avoir des idées supérieures. Nous ne sommes pas maîtres du travail de notre cerveau durant le sommeil. Les cervelles à peine créées dictent ainsi aux petites bouches, des paroles parfois très profondes à côté de phrases insignifiantes. Quand le bébé questionne, il a bien moins le désir d' « apprendre » que celui d'obliger qu'on s'occupe de lui et qu'on l'amuse en lui répondant.

En réalité, pendant les sept premières années d'une vie humaine normale, il y a seulement bouillonnement de la sève. A partir de quatre ou cinq ans, le raisonnement apparaît, de loin en loin. Ce sont les frémissements des ailes du passereau avant l'essor... Le cerveau enfantin s'intéresse, enregistre ses observations, les rapproche, s'entraîne à penser...

Je n'ai pas la prétention d'obtenir des père et mère l'inertie mentale presque complète de leurs enfants pendant sept ans. Elle serait cependant conforme aux exigences de la nature, et par conséquent salutaire dans quelques années, à l'individu entièrement formé. Par malheur la prolongation de l'état d'animalité relative est incompatible avec nos mœurs, et surtout avec la difficulté de vivre qu'éprouvent souvent les familles de condition modeste. Tout ce que l'on peut espérer de celles-ci, c'est de voir leur volonté tendre à ne pas abréger inutilement la bienfaisante insouciance de l'enfant.

Pour répondre à l'avidité de s'instruire qui se manifeste chez les mieux doués, il faut s'en tenir à ce qui ne leur coûte aucune peine.

Apprendre à parler en plusieurs langues, par exemple, ne cause aucun effort. Qu'importe si c'est avec une bonne dépourvue de grammaire et propagatrice de vilain accent? plus tard la réforme littéraire du langage s'opérera aisément; mais « l'oreille » reste acquise, et aussi la facilité d'élocution. En mille cas, mieux vaut se faire comprendre d'une façon privée d'élégance, que de ne pas se faire comprendre du tout.

Il en est de même du Dessin, vrai langage universel. Il faut mettre le crayon en même temps que la plume, entre les doigts des petits. Des traits, mêmes rudimentaires diront toujours ce qu'ils veulent dire, et parleront aux yeux dans tous les pays.

Si au lieu de se trouver en présence d'une enfant précoce, on doit secouer une organisation apathique, un esprit réellement lourd et obtus, il convient avant tout de reconnaître s'il n'y a pas simple retard dans l'éveil de l'intelligence. Ceux qui ont été longtemps sans parler ou sans marcher se rattrapent plus tard brillamment; ceux dont les facultés mentales sommeillent, sont souvent par la suite les plus aptes à l'effort intellectuel.

L'état physique influe beaucoup sur le développement moral. La seconde dentition éprouve la fillette qui tantôt surexcitée, a plutôt besoin d'apaisement; tantôt au contraire devient gauche, engourdie... En ce dernier cas, loin de la malmener, de la comparer désavantageusement, — et injustement! — à ses compagnes plus favorisées, on la traitera doucement, on s'inspirera des méthodes employées dans les écoles d'enfants arriérés, méthodes qui consistent à enseigner des choses excessivement faciles, conformes aux aptitudes si vagues qu'elles soient, d'un sujet souvent plus humilié, plus craintif qu'inintelligent; sa petite réussite le rassure, le relève, l'encourage... Ne dites jamais : « C'est honteux de ne pas savoir lire à ton âge!!... » Mais : « Je parie que tu sauras lire bientôt... » Si vous constatez que malgré sa bonne volonté l'élève ne progresse pas, laissez-la tranquille : elle n'est pas encore « mûre ».

Dans les conditions normales exigez tous les jours, à partir de la cinquième année, un très court moment d'application, à heure fixe, le matin de préférence, et inflexiblement. — Il s'agit d'assouplir le caractère aux habitudes du travail régulier. C'est la gymnastique préliminaire à l'assiduité future.

Dès que l'enfant sait lire, ses éducateurs ont à leur disposition un moyen merveilleux d'enrichir sa mémoire d'un énorme bagage de connaissances variées. Il suffit d'utiliser, au cours des promenades, tout ce qui est écrit sur les voies publiques : enseignes, affiches, plaques indicatrices, noms propres, mots en langues étrangères, formules scientifiques ou bizarres... On n'imagine pas quelles innombrables notions générales, — y compris celles de l'orthographe — on fournit en causant, en amusant l'enfant toujours avide de ces explications. Quand arrive le moment des études, il sort de ce désordre un apport inestimable qui facilite considérablement le travail, et qui sert aussi pratiquement en maintes circonstances.

Je crois superflue la recommandation de surveiller la tenue de la fillette ; son livre ou son ouvrage sera toujours à trente cinq centimètres environ de ses yeux. C'est la distance voulue pour la vision normale. C'est aussi celle qui assure la rectitude du buste.

Les exercices doux de gymnastique dite : suédoise, à domicile, sans appareils, s'imposent comme compensateurs du travail intellectuel, ou pour éviter les effets de la vie sédentaire lorsque les circonstances la commandent. Mais jamais, à quelque âge que ce soit, l'effort physique ne viendra doubler celui du cerveau. L'exercice bien compris produit le délassement, rétablit l'équilibre; au contraire le surmenage du corps joint à celui de l'intelligence, de deux façons diverses et simultanées, usent doublement l'individu.

L'ébauche d'instruction de la toute petite fille comporte l'adresse manuelle.

La femme est appelée à tout faire. La couture est encore, quoiqu'on en pense, la moindre des applications de son ingéniosité.

Elle commencera donc à « aider » au ménage, à plier, rouler, ranger des papiers, du linge ; à découper avec des ciseaux ronds ; à tresser, à tisser... Le soir, elle mettra en ordre les effets qu'elle quitte comme elle aura remis en place dans le jour, les jeux, les cahiers, les livres dont elle se sera servie.

Les habitudes d'ordre, d'activité, sont inestimables. La femme leur doit l'emploi intelligent de ses journées, la prospérité de son intérieur, et la souplesse de cette gymnastique normale entre toutes, qui consiste à « se servir soi-même ». A mon avis, ce principe est applicable dans la mesure qui convient, aux petites millionnaires aussi bien qu'à celles qui ne le sont pas. —

Qu'est-ce du reste aujourd'hui qu'un million ?... — A peine trente mille francs d'un revenu exposé à diminuer ; et peut-être à fondre complètement... Trente mille francs avec les goûts de luxe et les obligations que comporte la richesse, ce n'est pas grand'chose.

Par l'action la petite fille manifeste ses préférences, ses qualités et ses défauts à l'état embryonnaire. Vous verrez si elle s'annonce active ou nonchalante, persévérante ou frivole, forte ou faible de ses divers organes... Ces observations ne sont nullement prématurées. On en tient compte jusqu'à un certain point. De ce que par exemple, la toute petite fille promène ses menottes sur le clavier et gazouille toute la journée, n'allez pas conclure qu'elle jouit de dispositions musicales exceptionnelles ; et, sous ce prétexte, qu'il faille commencer de très bonne heure l'étude du mécanisme, l'attacher à son piano dans l'espoir de lui préparer un superbe avenir!... — Il se peut que cette mignonne aime tout simplement le bruit, ou s'amuse à « singer » quelque virtuose. — Elle n'est vraiment organisée que si elle a « de l'oreille » et le sens du rythme. — Soumettez-la d'abord à l'examen compétent d'une personne sûre; et si elle n'est pas reconnue particulièrement riche des deux dons indispensables, concluez qu'elle sera toujours une musicienne médiocre.

Ce sont les soins, les remarques, les réflexions constantes, qui rendent si passionnant l'élevage des tout petits. Quand une mère a des obligations de métier, je comprends qu'elle abandonne à d'autres, par force majeure, cette culture humaine... Mais quand aucun devoir ne l'y oblige, comment peut-elle pour un art quelconque, pour des intérêts moindres, renoncer à façonner... qui sait?... peut-être un chef-d'œuvre.

*
* *

Qu'ici les parents me permettent un conseil de prévoyance fondamentale, dont ils comprendront, je l'espère, la haute importance :

Au moment où la petite fille vient au monde, mettez dans une tirelire, à la Caisse d'Epargne, ou dans une Compagnie d'Assurance, le sou, le franc ou le billet de banque destiné à « faire boule de neige ».

Inscrivez plus encore dans votre conscience que dans votre mémoire cet axiome indiscutable :

A AUCUNE HEURE DE SA VIE, LA FEMME
NE PEUT NI NE DOIT SE TROUVER SANS RESSOURCES

C'est une thèse défendable qu'un garçon « se trempe en mangeant de la vache enragée » ; que l'ambition unie au besoin, l'incitent aux belles audaces... Cette théorie est inapplicable aux filles.

La femme, en dépit de toutes ses prétentions, restera toujours une « faible » au temps de ses maternités, et parfois à d'autres périodes de son existence physique. Elle est fatalement vouée aux interruptions de travail. Donc, pour elle, il faut de l'argent, non pas : *beaucoup*, mais *toujours*.

Il lui en faut pour apprendre un état, pour attendre que son apprentissage devienne lucratif, pour soutenir la situation qu'elle s'est faite. Il lui en faut pour le mariage, parce qu'on se marie rarement lorsqu'on apporte une charge, à qui peut-être déjà se tire difficilement d'affaire tout seul. — Il lui en faut surtout pour conserver son indépendance fière, car il n'y a ni courage ni vertu qui tienne devant la faim. La misère est corruptrice ou meurtrière... Ne vous illusionnez pas sur le travail féminin, car son salaire n'est généralement que « d'appoint ». Lorsque la travailleuse ne possède pas quelques ressources de famille ou personnelles, il est à peu près certain que, sauf par la domesticité, elle ne trouvera pas de quoi manger tous les jours. Et si elle est domestique, elle sera sage en épargnant, car la maladie, la vieillesse la guettent.

Plus la profession semble brillante, plus le gain est aléatoire; et plus on aspire haut, plus il faut tenir en main le moyen d'arriver au but. L'artiste moins que tout autre ne fera fi de l'argent, car seule la tranquillité matérielle permet de concevoir et d'exécuter de belles œuvres désintéressées.

De plus, il faut qu'on sache qu'une femme mariée ou non, atteinte par un revers de fortune au delà de sa vingt-cinquième année, ne peut plus théoriquement gagner sa vie. Elle est trop *vieille* (!!!!) pour commencer une carrière. Celles qui ont fait mentir la règle, passent pour des exceptions. Nulle ne doit compter sur cette chance.

Donc, j'insiste, en parlant aux parents — si coupables parfois, et tellement responsables du malheur de leurs filles !

La femme qui ne sait pas où dormir le soir, ni comment elle dînera, ne peut résister longtemps à sa détresse. La mendicité, la prison, la prostitution ou le suicide l'attendent.

Ce dilemme est terrible, mais il est mathématique. Il faut qu'il soit dit, répété, compris par les familles, à quelque rang social qu'elles appartiennent.

Je ne prêche aucunement le goût de la richesse ; je ne crains même pas la pauvreté, et j'estime que le mieux de tout est la médiocrité. Mais je crains *la misère !*... Elle engendre toutes les malpropretés, celles de l'âme et celles du corps. C'est la déchéance de soi-même ; c'est la capitulation de toute dignité... C'est l'effondrement de la créature humaine.

Si vous aimez votre fille, préservez-la !

DE SEPT A DOUZE ANS

Comme l'enfant entre dans une phase nouvelle et que son intelligence commence à devenir consciente, nous allons lui reconnaître une certaine responsabilité, limitée pourtant, puisque dans l'ordre sentimental, la responsabilité n'existe pas encore pour cette petite fille.

Existera-t-elle d'ailleurs jamais?... Je ne le crois pas, car personne n'est maître de ses pensées. On peut refuser de leur obéir, mais on ne saurait les empêcher de naître.

Sans discuter ici prématurément cet aphorisme, contentons-nous de dire que le « cœur » humain s'ignore jusqu'au moment de la puberté. Tous les amours se révèlent à lui en même temps, parce qu'il n'y a qu'*un* amour, sous toutes les formes possibles.

La faculté « d'aimer » n'existe pas plus chez la fillette, que la faculté de « raisonner » n'avait existé chez le bébé. Jusqu'à la transformation physique qui est en quelque sorte la floraison de la plante humaine destinée à donner ses fruits, les enfants « n'aiment » pas. Les apparentes affections ne sont que des manifestations instinctives.

Cette petite fille — qui a d'abord préféré sa nourrice à sa mère non nourricière, — se plut ensuite près de vous, parce qu'elle y éprouvait la sécurité nécessaire à sa faiblesse; parce qu'aussi vous saviez l'amuser... Elle a pleuré quand on l'enlevait à vos soins; mais elle se consolait instantanément si elle passait dans les bras d'une autre, habile autant que vous-même à lui plaire. Devenue grandelette, la voici qui préfère visiblement une amie à sa propre sœur; tel maître à son propre père... Elle ne le dira pas, sa finesse lui conseillant de se taire !... Mais vous le devinez.

Ne l'accusez pas d'ingratitude. La vie sentimentale n'existe pas encore pour elle. Son imagination en avance lui crée des passionnettes, des jalousies puériles. Aucune de ces affections n'est profonde ni durable. Les grandes et fidèles tendresses ne se produisent et ne s'affermissent que plus tard. On aime d'autant plus et d'autant mieux que l'on vieillit. On ne cessera d'aimer que si la sénilité vous ramène à l'égoïsme de l'enfance.

J'ai déjà dit combien il est difficile de comprendre la petite fille, très « compliquée » par nature. L'absolue franchise réside rarement en elle. Avant tout, il faut lui plaire et gagner sa confiance. Il ne s'agit pas de la « gâter » mais de la conquérir.

Couramment on voit l'enfant « insupportable » chez elle, devenir charmante chez les étrangers ou à l'école. Souvent le premier venu réformera son caractère prétendu indomptable... Qu'est-ce que cela prouve? Que ses premiers éducateurs n'ont pas su prendre sur elle l'ascendant composé de force et de charme auquel son innocence n'eût pas résisté.

On ne doit jamais tyranniser l'enfant : il faut la *diriger*. Elle respectera l'autorité juste et non despotique ; elle éprouvera peut-être pour son père ou pour quelque grave personne de son entourage, une crainte vague dans laquelle entre beaucoup d'admiration. Elle va d'instinct à ce qui est beau ; elle fuit la vieille parente ridicule et revêche. Il arrive qu'on la juge entêtée, orgueilleuse, méchante... La pauvrette a simplement été humiliée, blessée par une injustice... Elle se replie, se referme, devient impénétrable !... On la dit sombre et mauvaise? Elle souffre, voilà la vérité.

Intéressez-vous aux petites « sauvages ». Ce sont les futures passionnées, les dévouées. Les « câlines » qui vous enchantent en ce moment, seront affectueuses, mais un peu banales. Vous ne vous apercevez pas qu'elles éprouvent le besoin de se faire gâter? Elles ont remarqué qu'elles obtiennent tout ce qu'elles désirent en « étant bien gentilles... » Les mères se laissent prendre à ces douces flatteries.

Les enfants de caractère différent se sentent victimes d'une préférence; leur subtilité devine l'astuce des préférés; leur fierté s'irrite; ils refuseront désormais leurs baisers... Le malentendu augmentera entre eux et les membres de la famille.

Il est de moralité courante que l'instruction religieuse soit la base de toute éducation. On élève l'enfant « dans la Foi de ses pères » — à moins que, pour quelques-uns, l'absence de Foi ne soit une sorte de religion.

Je n'hésite pas à reconnaître que les résultats sont identiques et parfaits, lorsque c'est la conscience, et non des intérêts, des considérations vulgaires, qui dictent la conduite des parents. Cela ne se gâte que si le fanatisme, dans quelque sens que ce soit, crée autour de la petite âme grandissante, une atmosphère de sottise, d'injustice et de haine.

Peu importe, au point de vue où je me place, en parlant à tous et pour tous, que la Morale soit laïque ou confessionnelle, *pourvu qu'elle existe*.

Pourtant l'éducation religieuse, à l'aurore de la vie, a... Pardon! — *avait* du bon, quand les familles ne se hâtaient pas de faire faire la Première Communion à leurs enfants, « afin d'être débarrassés » de celle-ci ; et ne transformaient pas en réjouissances publiques ce jour de noces divines et de recueillement.

« Dieu te voit... Dieu sait tout... *ou* Dieu te punira... », sont d'admirables formules. Elles donnent au jeune esprit l'impression de l'Être auguste, du « Père qu'adore son père »... de la sublime autorité devant laquelle se courbent tous ceux qui commandent sur terre.

Et puis si Jehovah, Mahomet, Jésus emploient des langages différents, ils sont unis pour s'opposer à la démoralisation de l'Humanité. Et si beaucoup de mal a été fait en leur nom, accusons leurs disciples ; — pas eux-mêmes.

Le Christianisme qui domine en Europe, sous sa double forme catholique et réformée, ordonne la charité, le renoncement, le courage, la patience, l'humilité, le pardon des offenses, la résignation, le respect du devoir... que sais-je encore ? — Enseignez tout ceci à la fillette, dont l'impressionnabilité est si vive qu'elle gardera les traits ineffaçables de tout ce qui l'aura frappée. Un païen, — Aristote, je crois ? — proclamait que « si la Vertu n'est pas une habitude, elle n'est pas. C'est une belle crise passagère, mais ce n'est pas la Vertu »... Donnez donc « le pli » du Bien à la petite fille, elle le conservera toujours un peu.

Je suis persuadée que les natures vraiment mauvaises sont infiniment rares. Elles représentent des cas pathologiques.

Par contre, tout prouve que l'Homme n'apporte pas de très bons instincts en naissant. Abandonné à lui-même, il fera certainement le mal. Sa bestialité a besoin sous tous les rapports d'être amendée. L'idée de « Morale » est une des plus curieuses floraisons de sa pensée, à l'origine des races... — Qui lui révéla les beautés de la Vertu?... Y eût-il instruction divine ou instinct supérieur gardé de ses origines inconnues??... Toujours est-il que le premier qui parla de Justice et d'Honneur fut aussi le premier qui ébaucha la grandeur de l'Humanité, et fit soupçonner sa spiritualité.

Cette Justice est au fond de toutes les consciences obscures. L'enfant en a le sentiment précis; on le lui fait perdre souvent plus qu'on ne le lui inculque. Et les foules qui sont de mentalité enfantine, (on me le faisait remarquer récemment), sont « justes » à leur manière, jusque dans leurs cruautés. On les déchaîne par de grands mots, on les rend criminelles par des phrases, on leur persuade que la violence est un acte de justice... On ne les entraînerait pas en leur proposant une infamie.

L'enfant est neutre en matière de morale, à l'heure de ses premiers balbutiements; cependant il apporte sa « nature », que nous ne changerons jamais quant au fond. Seulement vous la modifierez, si vous en voulez prendre la peine; vous utiliserez aussi les manifestations de ce tempérament, quand vous verrez que cela est préférable à l'inutile effort de les réprimer. Vous lui montrerez le bien et le mal en toutes choses, avec leurs conséquences *positives*...

Son choix ne sera pas douteux, si vous avez éclairé son jugement.

Malheureusement, ce qui préside le moins en général, à l'éducation de la petite fille, c'est la Droiture.

La mère, neuf fois sur dix, oppose ou accorde trop complètement ses « féminités », c'est-à-dire tous les petits défauts inhérents à son sexe, aux défauts de l'enfant grandissante.

Certaines tyrannisent leurs filles et font leur malheur tout en « les adorant »! D'autres, obéissent à des jalousies, insoupçonnées d'elles-mêmes. Les nerveuses, les passionnées, les follement idolâtres font « des scènes »... Les austères esclaves de préjugés, régies par l'ignorance ou l'orgueil, empoisonnent la jeunesse, gâchent la vie de la femme future, par des règles de conduite n'ayant rien à voir avec l'honnêteté.

Enfin, les moyens éducateurs employés sont souvent très défectueux. — Voyons-en quelques-uns :

Une mère assez fine, quand il s'agit de ses intérêts, donne à sa fillette non seulement des exemples de ruse, de calculs empreints de mesquine déloyauté, mais encore elle lui fait jouer des rôles dans ses petites duplicités. En outre, elle développe la malice de l'enfant, sa vanité de minces triomphes... « Dis ceci, fais cela », lui conseille-t-elle « pour *faire enrager* telle personne »...

Une autre tourmente sa toute petite fille par de perpétuelles menaces : « Si tu n'es pas sage, je te donnerai à la vieille mendiante qui passe... ou je t'enverrai dans une maison de correction. » — Elle pousse la comédie jusqu'à lui préparer un baluchon de ses vieux vêtements pour « la mettre à la porte »... Quand la pauvre enfant en larmes « demande pardon »... je découvre que ce supplice est pour la punir d'avoir renversé un verre d'eau ou cassé une porcelaine, involontairement, bien entendu.

Ne croyez pas que ces faits se passent dans le peuple !... Ils ont pour cadre de riches demeures.

Telle autre pour se débarrasser de l'enfant importun, l'envoie près de sa bonne « qui lui donnera une belle poupée »... La déception de la petite est l'incitation à la révolte.

Il y a encore la maman « folle » de sa fille ! Elle la gâte, l'attife, la glorifie, se fait sa servante, s'humilie, excite sa coquetterie, son humeur capricieuse, son despotisme... — C'est généralement la bourgeoise veuve, ou pourvue d'un mari sans importance.

Voici le type opposé : la hautaine, l'autoritaire, exigeant la soumission absolue, n'accordant même pas le droit de tramer un petit complot pour « lui faire une surprise ». Tout tremble sous son gouvernement. L'enfance, chez elle, est un martyr.

Nous avons encore la faible qui autorise ou cache les désobéissances, s'en fait complice et même instigatrice. Tout aboutit à cette recommandation : « Surtout, ne le dis pas à papa... »

Voici une petite anecdote montrant les incohérences féminines : Disons que madame A..., excellente administratrice de sa fortune et de sa maison, se plaît à discuter devant la petite Marie, âgée de huit ans, les comptes de l'intérieur, et à lui apprendre ainsi une économie un peu parcimonieuse. — Un beau matin la fillette, au cours d'une sortie avec la femme de chambre, voit les premières violettes de la saison. La gentille pensée d'en rapporter à sa mère traverse son cerveau ; mais elle se rappelle les leçons écoutées... En rentrant, elle raconte sa tentation, sa raisonnable résistance, persuadée d'être approuvée : « Les petits bouquets valaient quatre sous .. J'ai pensé que demain ils diminueraient, qu'ils ne coûteraient plus que deux sous .. » — Aigre, coupante, cette interruption la pétrifie : « Une petite fille qui aime vraiment sa mère ne trouve rien de trop cher pour elle... »

Voilà les éducations cahotées, incompréhensibles !

La fillette, en général beaucoup plus souple que le garçon et plus facile à préserver des fâcheux contacts, doit être dirigée sans rigueurs, mais en traitant *sérieusement* ses moindres fautes *sérieuses*.

Cette phrase, qui a des apparences de galimatias, exprime cependant bien ce que je veux dire : les fautes d'un presque bébé sont *sérieuses* quand elles se rattachent au mensonge, à la désobéissance, au caprice, à la colère, à des instincts méchants. Et c'est gravement qu'il convient non pas de le punir, alors qu'il ne discerne pas encore la culpabilité de ses actes, mais de lui expliquer ceux-ci, avec surtout leurs conséquences.

Il y a manière de mettre à la portée de l'enfant ce que j'appellerai « la morale de la vie », c'est-à-dire que le mal sort du mal, et que toute faute comporte des suites plus ou moins éloignées, mais *certaines* et fâcheuses. Le mensonge peut causer l'accusation d'un innocent ; la désobéissance, amener un accident, etc...

Il ne s'agit pas, comme le font trop souvent les jeunes mamans, de faire pleurer la fillette puis ensuite de l'embrasser, de « se raccommoder », d'être tour à tour sévère et désarmée... La leçon profitable se donne sans mollesse et sur le fait.

La bouderie, je suppose, se traite par une indifférence calculée : on feint d'oublier la petite personne de mauvais caractère ; on ne la fait ni travailler, ni sortir, ni manger... On se comporte comme *si elle n'existait pas*. Alors elle est forcée de se soumettre, spontanément; — et c'est là qu'on l'attend! Lui démontrer l'inutilité d'une mauvaise humeur qui ne peut être éternelle, c'est lui prouver qu'il est beaucoup plus simple d'être franche, aimable, et de ne pas se conduire comme une petite... sotte. Faire bien sentir que « l'on est toujours puni par où l'on a péché », que ce sont les événements et non les éducateurs qui nous châtient, — constitue la méthode la meilleure pour corriger l'enfant de ses défauts, et cela *dès leur première manifestation!* afin d'empêcher *qu'ils deviennent invétérés*.

Il est aisé même d'aller au devant de certaines fautes, par un adroit enseignement. Une misère, une maladie, une infortune quelconque permet d'expliquer que ce sont là les suites inévitables de l'imprévoyance, du désordre, d'un manque de tempérance, d'hygiène, etc. Et, avec l'impitoyable logique de son âge, la fillette vous dit : « Quand ces gens sont malheureux par leur faute.

Puisque il n'y a pas besoin de les secourir... », répondez-lui : « Si... Parce que nous devons avoir pitié de toute souffrance, même méritée. Comprends bien que ces infortunés ont été coupables, surtout parce qu'on ne les a pas convenablement élevés. Si on leur avait enseigné ce que nous t'enseignons, il est probable qu'ils n'auraient pas eu la conduite qu'on leur reproche... Il est évident qu'entre deux malheurs je secourrais celui qui serait immérité; mais l'indulgence doit être accordée à tous, par nous qui ne sommes jamais parfaits. »

Les « Jouisseurs » sont toujours des égoïstes, des êtres attachés aux choses matérielles, d'une façon déraisonnable. Il n'est pas défendu de jouir, mais il faut savoir se priver. De temps à autre, une heure « spartiate » devient très salutaire à la petite fille que la fortune gratifie d'une vie douillette. Elle devra être dressée à supporter les gênes passagères ou durables, Pour cela, il suffira de lui montrer les enfants moins favorisés qu'elle, l'inciter à une certaine satisfaction de braver un ennui, de dominer un besoin. — Si un plaisir espéré lui échappe, montrez-lui le peu d'importance de cet événement!... Comparez-le avec une peine plus vraie, — par exemple la mort d'un animal familier... La fillette ne tardera pas à sentir qu'un contre-temps, une déconvenue, ne comptent pour rien quand on a du bon sens.

Il y a dans ce système une préparation excellente à la philosophie désirable plus tard chez la femme. On l'obtient doucement, sans inutile rigueur, en souriant.

L'enfant est heureuse dans l'accomplissement

de ses petits devoirs bien déterminés. Elle échappe aux gronderies, aux secousses et même à un grand nombre d'accidents, dont la sincérité et l'obéissance la préservent.

Les familles d'humble condition, par exemple, sont presque toujours obligées de laisser sortir seules des fillettes très jeunes. Un peu plus âgées, celles-ci ont parfois la garde d'un bébé, ou la responsabilité de quelques besognes en l'absence des parents... Si, au lieu de lui en *donner l'ordre*, on lui en *accorde la permission*, comme une preuve de confiance en son intelligence et sa prudence, elle voudra justifier la flatteuse opinion qu'on a d'elle. *Avertie* (non *menacée*) qu'au premier accident on lui retirera sa liberté ou son initiative, elle évitera toute maladresse, se gardera des étourderies, et se sauvera de la plupart des malheurs qui atteignent les autres.

Le compliment loyal et adroit ne manque pas d'efficacité non plus, lorsqu'il encourage sans enorgueillir.

Ainsi, l'enfant qui obtient des succès scolaires ou des succès de talent précoce, doit être loué de son application, de sa volonté de bien faire, de tout ce qui est « méritoire » dans sa réussite.

En revanche on lui fait considérer comme une simple chance les dons naturels qui ont facilité ses études. Sa mémoire, son organisation artistique, sa beauté, ne sont pas sans un défaut de contre-partie ?... Montrez-lui cette indigence en regard de son autre richesse : « Tu es bien douée de ce côté; tu l'es mal de celui-ci... Tu n'as pas plus de mérite que de culpabilité... Sois heureuse de ce qui te favorise ; console-toi de ce qui te manque... Travaille avec courage et modestie... Ne dédaigne point ceux qui n'ont pas le bonheur de t'égaler. » Un tel langage est juste. La fillette le comprendra.

Les Études sont ce qu'elles doivent être en raison de l'avenir probable et du rang social de l'enfant. Quel qu'en soit le programme, il sera dosé de façon à ne jamais fatiguer ni rebuter celle-ci, qui *devra toujours sortir de sa leçon contente d'elle-même, d'avoir appris quelque chose, et désireuse de la leçon prochaine.*

De la moins douée on fera une élève passable si l'on n'en exige pas une application à laquelle sa nature est réfractaire. La laisser sans culture serait une faute grave. Sans insister trop sur la grammaire et les choses arides, on l'intéressera par des explications, par des livres franchement *amusants.* Peu importe que ce soit ceux de la Bibliothèque rose, des Contes de Fées, ou autres frivolités, *pourvu qu'elle lise...* La femme qui « ne lit pas même un journal » et s'en vante presque, n'est plus supportable aujourd'hui. Sa conversation alimentée par ses préoccupations ménagères, les questions de toilettes et les menus « potins » de son entourage, considérablement grossis, — paraît insipide même à ses enfants. Le Livre est un bienfaiteur, un ami, un consolateur pour quiconque, durant l'enfance, a déjà trouvé en lui un camarade. Il combat l'Ennui, le pire ennemi à tout âge, le funeste conseiller, le destructeur presque infaillible de la santé.

L'Ennui!... La femme y est très facilement accessible. Toute petite on la voit se vautrer de meuble en meuble, de pièce en pièce, écoutant, observant de ses yeux profonds, avec des éveils de curiosité malsaine... Il ne faut pas permettre cela. L'inaction, la nonchalance sont interdites à l'enfant, qui doit savoir s'occuper. On s'ingénie à lui en fournir le moyen en l'associant à mille besognes, lorsqu'elle a fini de travailler ou de jouer. Ceci ne lui cause nulle fatigue : une chose repose de la précédente ; la distraction entretient l'activité joyeuse. La vie non pas agitée, mais remplie, est la seule bonne.

Bientôt, la fillette mêlée aux intérêts de la maison devient adroite, « débrouillarde... » Elle a des initiatives étonnantes... J'en ai vu une chercher des épingles nécessaires, et en trouver dans les fentes d'un parquet... Une autre eut l'idée de faire demander de l'eau chaude chez un restaurateur, dans un cas pressant... La vivacité de ces intelligences toutes fraîches est incroyable.

Confier à une gamine le soin de menus détails d'intérieur, — celui aussi de ne pas oublier son mouchoir, ses cahiers de cours, l'heure à laquelle il convient qu'elle fasse ceci ou cela... l'obliger à s'habiller, à se coiffer au moins en partie toute seule, la flatte infiniment. Elle ne se sent pas traitée en enfant... Elle devient réfléchie, prévoyante, tout naturellement, — alors que les autres, celles pour qui l'on pense à tout au lieu de les accoutumer à penser elles-mêmes, font les désemparées de l'avenir.

Également, on ne lui donnera pas sottement « des sous pour acheter des gâteaux » ; mais très tôt on lui mettra dans la main une pièce de cinq ou dix centimes — dont elle remarquera la différence — en la chargeant de payer elle-même une infime dépense.

Elle connaîtra vite « la valeur de l'argent » jusqu'à concurrence de la pièce blanche.

Lorsque l'initiative semble suffisante, on lui fournit un rudiment de « budget ».

Supposons qu'elle aille tous les jours à la promenade avec une personne de confiance, et qu'il entre dans les prévisions une dépense quotidienne de 0 fr. 20 pour deux chaises, cela représente 1 fr. 40 par semaine, soit 1 fr. 50 en chiffres ronds — que l'on remettra à la fillette désormais responsable de cette somme.

La voici obligée à ne pas oublier ni perdre son porte-monnaie ; à se faire rendre l'appoint ; à combiner et réaliser les économies possibles; à employer le produit de celles-ci sagement, d'une façon aimable, charitable ou utile; à savoir au besoin « épargner » pour arriver à satisfaire un de ses désirs...

Il y a là des tendances éducatrices nullement négligeables. On ne permet la « dette » sous aucune forme; on inspire à la petite fille le respect de ses engagements; on développe cette probité bourgeoise trop dédaignée aujourd'hui, sans laquelle cependant il n'y a ni confiance ni réussite.

Le plaisir, dans le sens mondain ou public, doit être assez parcimonieusement dosé, même à l'enfant des classes riches. Le pire service qu'on puisse lui rendre est de la blaser, ou de la rendre insatiable et insupportable. Elle deviendra la femme incapable de passer une soirée seule chez elle.

Cela ne signifie pas qu'on doive la priver d'amusement... Il y aurait autant d'inconvénient à les lui interdire tous, qu'à les lui prodiguer. Elle rêverait des choses interdites en se les imaginant bien plus séduisantes qu'elles ne le sont en réalité! — Seulement je déplore l'abus des « matinées », des spectacles, des réunions au début de la vie. — « Qu'est-ce qu'on fera dimanche? », est une question que posent des bambins, qui devraient ignorer qu'on puisse « faire quelque chose ». — A cet âge-là on doit s'amuser de rien, avec rien. Lorsque si jeune on perd le don précieux de l'étonnement, de l'admiration, on flétrit avant l'heure le charme de découvrir la vie. Il est bon de ménager ses sensations, afin d'en conserver pour le déclin.

La femme, malgré la vie intense moderne et la fureur du déplacement, a chance de connaître les heures sédentaires. Il convient donc qu'elle aime la maison et sache y vivre gaie, sociable, sans aspirations excentriques. La petite fille saura s'amuser toute seule, si ses parents lui ont « appris à jouer ». On encouragera ses goûts pour les exercices exigeant de l'adresse, du temps, de la persévérance, et surtout pour *la lecture*, à laquelle je reviens comme à l'inépuisable ressource.

*
* *

La fillette ne sera pas négligée du côté de ses attraits extérieurs. — Une certaine coquetterie s'impose à la femme, comme un devoir irréductible et social.

Mais, ici encore, il y a une éducation à faire : l'enfant acceptera sans la discuter, une mise convenable, et seyante dans sa simplicité, car les êtres jeunes souffrent cruellement du ridicule. Sans tomber dans l'austérité qui deviendrait un fâcheux excès, on détourne la petite fille du chiffon, du clinquant, des parures prétentieuses, du perpétuel sacrifice à la mode, — choses pour lesquelles elle n'a que trop de penchants.

En revanche, on lui inculque le soin, la bonne tenue, et certaines recherches élégantes. La mère ne dédaigne pas de lui expliquer quelle raison de goût, de durée, d'opportunité, d'économie, a dicté son choix lorsqu'elle achète des vêtements. Puis elle complète son cours d' « esthétique » en faisant comprendre à la fillette grandissante que le culte rationnel du corps, le joli geste, la marche harmonieuse, ont une autre importance que la robe, remplaçable à volonté ; — qu'enfin la plus belle des « élégances » est celle de l'éducation, du caractère aimable ; de la politesse, du tact, en toutes occasions. La vraie distinction n'a rien à voir avec la fortune. Elle seule donne la supériorité mondaine indiscutable, et des avantages qui survivent à la beauté.

DE DOUZE A SEIZE ANS

C'est « l'âge ingrat », redouté des parents, car l'adolescente n'est plus un enfant, n'est pas encore une jeune fille, participe des deux états, et en court les multiples dangers.

La crise physique qui se prépare ou qui s'accomplit en elle, la rend impressionnable à l'excès. Un rien la met en larmes ; et ce « rien » se produit fréquemment, car elle est plus que de coutume répréhensible. Peut-être a-t-elle même l'apparence de fugitives méchancetés?

Avec des indulgences secrètes, on gardera cependant une certaine fermeté à son égard, afin de continuer à la diriger, sans permettre à ses nerfs de la dominer, ni à elle d'abuser de la faiblesse que l'on témoignerait envers sa sensibilité ou son irritabilité.

Plus que jamais on fortifiera son organisme

par une nourriture abondante, mais très lactée, très frugivore, tout — aussi réconfortante que l'alimentation carnée à laquelle on doit les boutons, les dartres farineuses, les « bobos », la chute des cheveux occasionnée par les pellicules, et aussi la précoce carie dentaire.

Il faut surtout lui accorder le sommeil nécessaire, *même le matin;* il y a des natures qui en ont besoin.

Entendons bien qu'il ne saurait être question de « grasse matinée », ni de paresser en se faisant servir le déjeuner au lit... Ce sont là des choses qui dans quelques cas peuvent être bonnes pour la personne souffrante ou obligée professionnellement à veiller, mais qui pour l'adolescente seraient mauvaises à tous les points de vue. A cet âge on doit se coucher à une heure raisonnable, dans les dispositions calmes, favorables au repos.

On évitera les soirées, les spectacles, les réunions qui agitent et peu à peu donnent l'insomnie chronique. Egalement la lecture au lit sera interdite. Mais assise, en toilette de nuit, prête à se glisser sous ses couvertures, la grande fillette fera bien de lire quelques pages; ce système a d'excellentes vertus dormitives.

Elle se lèvera chaque jour à la même heure, réveillée par quelqu'un s'il le faut, mais seulement lorsqu'elle aura eu le sommeil d'*au moins* huit heures.

Du reste la régularité de toutes ses habitudes

garantira la régularité de toutes ses fonctions physiques.

Plus que jamais l'esprit doit être occupé. Il faut éviter les « rêvasseries » toujours malsaines,

Ceci ne signifie pas qu'on doive forcer les études. Tout au contraire il se produira sans doute un léger relâchement du côté du travail. Il est sage de ne pas s'y opposer. Le temps que l'on croirait gagner serait probablement reperdu par l'obligation d'un repos ordonné plus tard.

Je sais parfaitement qu'un grand nombre de jeunes filles destinées à gagner leur vie n'ont pas le loisir de se « dorloter !... » Pour elles je souhaite seulement que la terrible nécessité ne soit pas implacable, et qu'on en adoucisse le plus possible les rigueurs.

Vers sa treizième année la grande fillette montre d'une façon à peu près certaine et définitive quelles sont ses « dispositions ». Elle en a fini avec l'âge de l'imitation et du reflet. C'est le moment de prévoir sa carrière future.

Les heureuses paraissent destinées à remplir leur seul rôle naturel d'épouse et de mère. C'est une raison pour les préparer d'une façon intelligente et pratique à cette tâche qui, peut-être, se doublera d'inattendus et graves devoirs.

A moins de posséder une fortune considérable dont, quoiqu'il puisse arriver, les épaves suffiraient à garantir une existence décente, toute jeune fille doit compter avec l'éventuel revers et l'obligation de se tirer d'affaire.

Elle s'imagine à tort le pouvoir aisément, lorsqu'elle possède un talent, une capacité quelconque... Cela ne suffit pas de nos jours. Instruite dans la connaissance spéciale qu'on a choisie pour elle, voici qu'au moment de s'en servir, elle s'aperçevra que les conditions de la carrière ont changé depuis le moment où elle avait débuté dans son apprentissage... Ce qui était favorable ne l'est plus; des concurrences ont surgi ; des lois sont hostiles; des aigrefins emploient des procédés inédits pour tromper l'honnêteté !...

Comment lutter contre tout cela?

L'unique défense, encore, bien relative ! — c'est l'*Expérience*.

Jamais on ne connait trop la réalité. Et jamais on n'a pu apprendre tout ce qu'il faut savoir pour éviter seulement *une partie* des fautes innombrables que nous commettons, si intelligents, si développés que nous croyions être.

C'est pourquoi je souhaite tant que l'adolescente soit élevée dans la famille, et mêlée aux événements de la vie courante, quels qu'ils soient : accidents, maladies, voyages, déménagements, conflits, crises morales... L'enfant qui « a vu bien des choses » ne s'affole plus devant rien ; elle devient secourable dans les moments pénibles, au lieu de compliquer la situation par ses cris, ses pleurs, ses nerfs et ses pamoisons.

N'objectez pas qu'alors, l'adolescente apprend ce qu'elle ne doit pas savoir... Elle peut tout apprendre à l'école du foyer, parce que tout ce qu'elle ignore encore, elle le saura fatalement dans un avenir plus ou moins proche.

Pourquoi lui cacher que Mme A... paie de sa santé son inconduite?... Que M. B... s'est ruiné pour une actrice?... Que M. C... vient de faire banqueroute après avoir perdu au jeu l'argent des affaires?... Où est le mal d'instruire par le fait, et d'inspirer le dégoût — *avec la crainte du résultat forcément néfaste*, — de toutes les malpropretés morales et matérielles?... De l'enfant ainsi éclairée, vous faites une « Préservée », selon l'heureuse expression que j'ai déjà citée, — capable de préserver à son tour tous ceux sur qui elle exerce un peu d'influence. La vierge instruite sérieusement sait se garder, tout en restant chaste, plus chaste que les autres certainement, parce qu'elle n'a pas de curiosités malsaines. Elle déjoue les calculs corrupteurs ; elle échappe aux pièges tendus à l'ignorance.

Vous me direz que la jeune fille moderne n'est plus guère ingénue...

En ce cas, à quoi bon la vouloir hypocrite?...

Plus loin, nous reviendrons sur l'éducation

morale ; ne nous écartons pas ici de l'instruction pratique.

Laissant de côté pour un instant le choix d'une carrière, voyons un peu les résultats de l'instruction *obligatoire* sur les générations féminines actuelles, notamment en province.

On est frappé de l'inexpérience totale des choses les plus élémentaires dont font preuve les femmes de qui l'orthographe, la calligraphie et même jusqu'à un certain point, le style, sont très suffisants. Ces femmes marquent un prodigieux intérêt pour des objets, des faits d'importance plus que secondaire, en même temps qu'elles témoignent d'une indifférence totale aux questions les plus graves. Leurs illusions sur presque tout sont inimaginables. Leur défaut d'initiative va jusqu'à ne pas savoir consulter un dictionnaire ou un annuaire ; la plupart semblent ne pas se douter qu'il existe une mairie et des administrations où l'on peut se renseigner au sujet des actes publics. La paresse de prendre la plume est presque générale, même dans les classes très moyennes ; et à Paris même, c'est à qui reculera devant la politesse d'une réponse, d'un accusé de réception, d'un mot prévenant.

Qui donc, parmi celles qui écrivent ou parlent soi-disant avec facilité, est capable de donner des explications précises, d'exposer un fait, de proposer une affaire d'une façon rapide, claire, exempte de malentendus, d'oublis importants, de redites superflues, impatientantes pour quiconque n'a pas de temps à perdre ?

Loin de souhaiter l'augmentation de nos oratrices et de nos authoresses, je voudrais plutôt en voir diminuer la surabondance, à la condition que les petites bourgeoises, que les modestes travailleuses, sachent dire verbalement ou par écrit, ce qu'elles ont à dire, sans bafouiller, sans embrouiller les questions, sans omettre les points essentiels.

Toute personne qui s'exprime convenablement a déjà gain de cause à demi, parce qu'elle sait se faire écouter, et que l'auditeur ne la redoutera point à l'avenir, sûr qu'elle sera brève et claire.

Donc, après avoir, — comme je le demandais dans le précédent chapitre, — permis à la petite fille, non pas de jacasser, et de « rapporter » — ce à quoi elle n'est que trop encline ! — mais de rompre utilement un silence qui ne sera jamais craintif mais seulement obéissant, — on encouragera l'adolescente à raconter, à exposer des faits, à donner son avis, d'une manière posée, en articulant convenablement, en se servant du médium de la voix, en employant les termes propres sans chercher surtout à « faire de l'esprit... »

Bien lire, en ménageant son souffle, en ponctuant selon les indications de l'auteur, en témoignant l'intelligence du texte, est un petit talent de première nécessité. Mille fois on est obligé de donner lecture d'un document, de distraire un malade ou un vieillard !... De plus en plus la Femme se trouve dans l'obligation de communiquer des rapports, de prendre la parole dans des réunions professionnelles ou charitables.

L'adolescente sera chargée de toute la correspondance banale de la famille; elle appliquera les principes de clarté, de concision à son style comme à sa parole. Elle se rappellera que ce qui est écrit *reste... fait foi;* et que par conséquent la réflexion s'impose avant de tracer des caractères ineffaçables et irrévocables.

Le moindre billet, tant au point de vue des intentions que de la forme, et du choix des formules, peut fournir prétexte à une précieuse leçon, car le talent épistolaire se compose de bien plus de tact et de jugement que d'esprit ni de règles.

Je ne crois pas que *l'instruction* fortement classique soit indispensable. Quand on n'a point passé son enfance le nez sur des cahiers mais qu'on a observé autour de soi, lu, réfléchi, saisi les faits avec une certaine vivacité, on conserve ou l'on acquiert une personnalité souvent plus franche, plus intéressante que celle produite par le savoir scolaire. Un dictionnaire encyclopédique met à la disposition de toutes les connaissances précises : dates, noms, et autres, dont il n'est pas si utile d'embarrasser le cerveau. Celui-ci, d'ailleurs, oublie vite tout ce dont il ne fait pas consommation courante.

Seulement l'ignorante véritable est mortellement ennuyeuse. Il n'est pas vrai que l'homme demande uniquement à la femme d'être belle — ou alors il la regarde comme un simple animal qu'il dédaignera dès que ses attraits, unique mérite d'une créature de luxe, péricliteront.

La vérité est que l'homme n'aime pas « l'intellectuelle », trop souvent pédante, et de plus antagoniste, adversaire têtue, dans les rapports journaliers ; mais il lui plaît infiniment de vivre avec une auditrice compréhensive, capable, par une réplique modeste et juste, d'exciter sa pensée à lui, et ses efforts.

Molière souhaitait déjà que l'épouse eut « des clartés de tout ». Ce *tout*, en notre siècle, s'est tellement étendu, qu'il embrasse un programme formidable, dépassant, même superficiellement embrassé, la capacité cérébrale des mieux doués, — à plus forte raison des cerveaux féminins de qualité moyenne.

C'est donc toujours à la lecture et à *l'observation* que nous revenons, comme méthode d'apprentissage progressif, rationnel et suffisant — car cet apprentissage s'applique et se proportionne tout naturellement aux besoins de quiconque s'y soumet. Dès 1820, Lamennais se plaignait déjà qu'on ne lisait plus, ou qu'on lisait mal et trop vite... Moi je me contente *qu'on lise*, n'importe comment. Les textes imprimés sont des causeurs bénévoles et charmants, prêts à notre appel, congédiés sans façon quand on en est las, — jamais importuns, par conséquent. On les « écoute » avec les yeux. Ils bavardent, je le sais bien, un peu à tort et à travers ; leurs entretiens ne sont pas constamment nourrissants pour l'esprit... Mais il faut bien de temps à autre croquer des friandises. Et chacune de leurs visites vous laisse un imperceptible profit.

Par malheur, les mères sont assez hostiles à la lecture. Elles préfèrent que leurs filles tirent l'aiguille, chiffonnent, confectionnent des travaux élégants. C'est que, pour les mères, le Livre est un rival : pendant qu'on lit on ne « tient pas compagnie » à sa maman !... et en lisant on s'approvisionne de... réflexions inquiétantes. Il est arrivé souvent qu'une jeune fille a découvert de la sorte qu'on la dirigeait mal, — et elle a voulu changer de direction.

Par contre, les familles, à mon avis, ont trop de goût, à Paris, pour les cours, les conférences, les universités à l'usage des demoiselles du monde. Ces réunions servent surtout de prétexte à la vie frivole, hors du chez soi très délaissé, — où le livre au contraire vous retient. En outre, je reproche à ces leçons brillantes, de présenter aux jeunes auditrices un savoir trop trituré, qui ne les oblige ni à la réflexion, ni aux recherches, seules manières vraiment bonnes de s'instruire.

Dans les départements, dans les endroits écartés des grands centres, au contraire, tout lien entre les intelligences, tout moyen de les éveiller est à encourager.

L'adolescente complètement rebelle au livre est fort rare. Elle admet au moins la lecture qui « l'amuse », et celle-là, peu à peu, la conduit à d'autres, plus sérieuses, qui l'amuseront également lorsqu'elle sera capable de les comprendre.

Néanmoins, les femmes réfractaires à la chose imprimée, ne sont pas pour cela forcément des sottes. De même que l'aveugle a l'ouïe et le toucher plus subtils que les clairvoyants, elles auront des compréhensions intuitives, des facilités de calcul, des qualités commerciales surprenantes. — Et, chose curieuse! ce seront peut-être des « enragées d'instruction » pour leurs enfants.

Ce qui importe, ce n'est pas de faire telle ou telle chose, mais de faire *quelque chose* et de le bien faire.

Où il n'y a pas d'intellectualité il y a des goûts différents, une adresse manuelle, des défauts, même, dont on tirera parti. Quand un sujet n'est pas tributaire de la maison de santé, il a toujours des côtés utilisables. Il ne paraît pas possible qu'une enfant *ne veuille rien faire*... Il suffit qu'elle prenne intérêt à une occupation, et qu'on l'y attache spécialement.

Méfions-nous plutôt de celle qui, apte à tout, éparpille ses facultés, effleure tous les talents, ne persévère dans l'effort devant aucune difficulté. S'il s'agit d'une demoiselle du monde, ça va bien; mais, pour s'assurer un gagne-pain, seul le travail opiniâtre, quotidien, incessant, doublé de la connaissance du « métier » au point de vue professionnel et lucratif, peuvent rendre un résultat intéressant à un moment donné.

*
* *

Quelles sont les carrières préférables?... Quelles sont celles à indiquer, à choisir?

Question grave.

Humble ou brillante, la tâche journalière constitue l'élément principal de la vie. Elle domine les espoirs, les amours, les deuils. Elle subsiste, impérieuse, heureusement! pour presque toutes, — dérivatif du chagrin, consolation et soutien, en tout cas instrument d'indépendance et de dignité la plupart du temps.

Pour que le travail soit joyeux dans les jours de bonheur, et puis ant aux époques douloureuses, il faut qu'il atisfasse les goûts de celle qui s'y livre, et qu'aucune défaillance physique ne vienne contrarier ou anéantir le produit des efforts, des durs sacrifices souvent consentis par sa famille et par elle-même dans ce but.

De plus, en choisissant un état il est encore d'élémentaire prudence de s'instruire des difficultés, des « dessous » des exigences de celui-ci. Lorsque, par une vocation vraie ou fausse, la jeune enfant prétend s'orienter vers une carrière dont elle n'aperçoit que les reliefs brillants, — l'Art, par exemple, — il ne faut lui permettre de s'y engager qu'avec l'encouragement et l'appui de personnes compétentes.

Aujourd'hui, les « recommandations » n'ont plus aucune valeur. Il n'y a de protection efficace que celle immédiate : les alliances ou le milieu dans lequel on vit. — Il sera donc sage de prévoir comment la jeune fille débutera? quelles probabilités sont en sa faveur? quelle sécurité lui offriront les garanties sur lesquelles il semble qu'elle puisse compter ?... Les garçons peuvent à la rigueur se jeter dans l'aventure, mais la femme a toutes sortes de raisons pour ne pas courir des chances; en tout cas, ce n'est pas le devoir des familles de l'y pousser. Si plus tard son tempérament personnel, son caractère hardi lui inspirent quelques audaces, cela sera, du moins de son propre gré, avec une expérience relative.

J'ai examiné ailleurs la majeure partie des

carrières féminines (1). Je ne puis en passer la revue. Qu'il me suffise d'émettre quelques courtes observations.

— Les jeunes filles échouent aux examens et concours, surtout par la crainte de ne pas réussir. Souvent on en voit d'insouciantes, mal préparées, se tirer brillamment de l'épreuve, alors que les laborieuses se font ajourner, tout simplement parce qu'elles sont fatigués, énervées, troublées.

Il est adroit de leur faire envisager l'examen comme une chose rationnelle, devant venir à son heure, pouvant causer des surprises, — et d'admettre d'avance l'échec possible, en reconnaissant qu'il n'impliquerait nullement la faute de l'écolière. Celle-ci, sachant qu'elle ne sera ni grondée, ni humiliée, ni remise au gavage des « bêtes à concours », se présentera dans de bonnes conditions. Ce qui lui réussira très bien, ce serait de donner des leçons (gratuites au besoin) à de moins avancées qu'elle. C'est une excellente manière de solidifier ses connaissances.

— L'étude des langues est généralement illusoire hors du pays d'origine. On en apprend aisément une lorsqu'on habite un pays de frontière.

Les « échanges » de correspondance entre personnes étrangères sont à présent très fré-

(1) *Comment une femme peut gagner sa vie.* — Un vol. 2 francs.

quents et considérés comme un bon exercice. Mais, mieux encore, on pratique de plus en plus les échanges de jeune gens et jeunes filles. La chose se fait dans le milieu social équivalant, pour faciliter l'étude des arts, des sciences, du commerce, et même pour des raisons de santé. L' « otage » que chaque famille possède, en quelque sorte, est la garantie des bons soins prodigués à son propre enfant. Il faut absolument que les mères timorées comprennent le véritable intérêt de leurs filles, et n'entravent pas l'essor de celles-ci par des sollicitudes chimériques.

— L'Esperanto n'a pas mes sympathies; mais je n'aurai pas la stupidité de le combattre s'il doit rendre des services. Que les parents s'informent de l'utilité qu'on prétend grandissante de cette langue internationale. Il n'est pas bon d'ignorer; il n'est pas meilleur de résister à rien de ce qui est « de notre temps ».

— Lorsqu'une jeune fille montre des dispositions musicales, il sera sage, tout en les cultivant, de ne point nourrir des espoirs fous sur le résultat de sa future virtuosité, surtout instrumentale. La concurrence des talents s'accroit chaque année après les superbes concours de notre Conservatoire. L'exécutant pianiste, violoniste, est très sacrifié, il n'y a pas d'illusions à se créer sur ce point. Ceux qui réussissent, à grand renfort de réclame, ne racontent pas leurs déboires cachés.

Pour la jeune fille, la vie de concerts, de « tournées, » est aussi dé:evante que fatigante. Les timides vivent dans un perpétuel énervement.... Il arrive que des professeurs s'étant fait sans tapage une gentille clientèle d'élèves bourgeoises, gagnent mieux leur vie que de brillantes « étoiles ».

Celles qui se font accompagnatrices de cours et d'artistes, réussissent aussi convenablement.

De même que tout à l'heure, par raison, je pactisais avec « l'Esperanto », je recommande la Harpe chromatique sans pédales, système Pleyel, sans partager le préjugé de certains musiciens contre elles.

Je sais tout ce qu'on en peut dire ; je laisse les ambitieux de triomphes artistiques lui préférer la Harpe à pédales, s'ils ont les moyens d'attendre que ces triomphes les nourrissent; mais je dis aux moyennes musiciennes, que la Harpe *sans* pédales est l'instrument pratique, appelé à figurer de plus en plus dans les orchestres secondaires, où le piano jouait tant bien que mal les parties de harpe.

Ne donnant ici aucun conseil spécial pour les carrières, mais simplement des avis généraux, sans jeter personne dans l'étude de la Harpe Pleyel, je signale simplement celle-ci, parce qu'il faut la connaître, et ne pas la condamner sur la foi des concurrents.

L'enseignement ménager est heureusement en passe de prendre l'importance qu'il mérite dans l'éducation de la femme.

Il se présente à des degrés différents selon la position sociale de chacune. Les unes doivent « mettre la main à la pâte »; les autres n'auront pour tâche que de commander.

Tous les économistes, unanimement, prévoient la haute importance de l'influence féminine dans la société prochaine. C'est la Femme qui, parmi le peuple, conservera la santé des siens par la cuisine saine, la propreté, l'hygiène; c'est elle qui à la campagne opérera les progrès dont la vie rurale a tant besoin; c'est encore elle qui secondera, en province le fonctionnaire, l'officier — et l'homme d'action, partout!. .

La grande dame fait preuve de science ménagère lorsqu'elle règle sagement ses somptueuses réceptions, ses œuvres charitables, avec les ressources de son budget plus ou moins opulent.

Le point de vue a complètement changé en ce qui concerne « la femme d'intérieur ». On lui demande moins, dès qu'elle n'appartient pas à la condition tout à fait laborieuse, de cuisiner, de coudre, de savonner et de repasser au besoin, que de savoir intelligemment « diriger ». — De prétendues « femmes de ménage » font le désespoir des époux et des fils. Le changement de personnel très fréquent, le manque de « tête », de mémoire, de méthode, les parcimonies mesquines de leur caractère « organisent la désorganisation » de la maison. Il est donc indispensable que tout en faisant un apprentissage technique inappréciable, la jeune fille regarde autour d'elle les intérieurs paisibles et bien tenus ; qu'elle sache dépenser, calculer, faire la juste part de qui la sert ; donner au foyer tout l'attrait qui peut y retenir la famille, les amis, les relations douces au cœur et précieuses dans le sens utile de l'existence.

Ce que je dis du ménage s'applique à la coupe, à la couture, aux ouvrages de dames. Il est certainement très bon de savoir confectionner des vêtements, et créer de ses doigts habiles des objets coquets, gracieux, tout à fait dans les attributs du travail féminin. Mais cela devient une vraie calamité quand la femme consacre toutes ses lumières à l'invention de chiffons nouveaux ; tous ses loisirs à la poursuite des « coupons » avantageux ; tout son temps au renouvellement de ses toilettes et des futilités de sa maison.

L'aiguille aura sa part comme le livre dans les heures de la femme éclairée ; — l'aiguille et le livre laisseront leurs parts aux autres obligations de chacune.

*
* *

Abordons maintenant une question de la plus

haute importance : la sauvegarde morale de la jeune fille.

Durant son enfance il suffit à cette dernière d'obéir et de ne point mentir ; elle n'a pas à discuter les principes dans lesquels on l'élève.

Mais voici, chez l'enfant du peuple particulièrement, — que l'esprit se développe, et travaille. L'école, les condisciples, les lectures, les spectacles, les choses de la vie lui parlent, éveillent ses réflexions, ses curiosités, — ses doutes, peut-être ? sur la valeur des préceptes qui lui ont été enseignés.

Si la jeune conscience ne reconnaît pas l'excellence, de ces derniers, elle s'en libèrera, soit ouvertement, soit hypocritement. Il est à redouter alors qu'ayant rejeté toute règle, elle devienne l'émancipée sans nul frein, ou la sournoise contrainte aux apparences de la vertu sans posséder l'âme vertueuse.

Quatre-vingt-dix-neuf fois sur cent on vous dira : « — Donnez-lui de la religion. »

Déjà, il y a vingt-cinq ans, un bon républicain que l'on regardait alors comme un « avancé » écrivait dans un ouvrage sur des questions féminines : « Avant tout, élevez vos filles dans la Foi... »

Qu'entendait-il par là ?... Je ne suppose pas qu'il désignait exclusivement la foi catholique ? Sans doute, il voulait que l'on traduisît : « dans *une* Foi quelconque »?... car sur notre territoire il y a des protestants, des juifs, des musulmans, des boudhistes, des théosophes, des salutistes, des saint-simoniens, des spiritualistes, et même des athées (pour qui le matérialisme est une foi à rebours) qui sont de nobles esprits, persuadés, dans tous les camps, de détenir la vérité.

Tous possèdent-ils vraiment *leur* Foi?...

Il est permis d'en douter.

Ce n'est pas parce qu'on appartient à un culte, qu'on le pratique et qu'on l'enseigne, qu'on y « croit » de la manière que j'entends « croire... » C'est-à-dire avec une certitude, une ferveur telles que la soif du martyre en devienne la conséquence. Une pareille croyance est le privilège d'un très petit nombre. Le Mysticisme est aussi rare que le Génie.

Le grand nombre s'imagine « croire » en se soumettant sans trop les discuter aux doctrines acceptées par ses pères. Il recule devant l'examen qui pourrait ébranler sa confiance, ou... sa crédulité. Les femmes surtout se rattachent par besoin d'espoir, d'appui, de secours, à la piété souvent consolatrice, toujours bienfaisante en certains côtés, et hautement moralisatrice, quand elle est bien comprise.

Mais cette piété repose sur des bases très fragiles. Nous vivons à une époque où la fusion des races, des intérêts aboutit à une tolérance voisine de l'indifférence en matière de dogmes. Je prie de remarquer avant tout, qu'il ne s'agit pas ici, exclusivement des catholiques ; et que l'exemple nous vient de haut, puisque la plupart des mariages de Souverains commandent des abjurations dont personne ne se scandalise.

Voici un cas, choisi entre mille, dans la meilleure bourgeoisie, très estimée, irréprochablement honnête, — qui va nous montrer combien l'insouciance religieuse s'accommode bien plus de l'apparence que du fond, en matière de Foi :

Il y a une vingtaine d'années, mademoiselle A..., catholique, épousait M. B..., également catholique, plutôt tiède, mais non réfractaire à la la bénédiction du prêtre Lorsque survint le premier enfant (suivi d'un second peu après) le père défendit tout à coup qu'on le baptisât !... Pourquoi ?... Parce que d'indifférent qu'il était au jour de son mariage, il se transformait en « libre-penseur » avéré, pour des raisons de carrière.

La jeune femme éprouva une vive peine de cette opposition ; mais elle se soumit, et désormais ne pria plus qu'en secret.

Cependant ce couple avait un parent par alliance. M. C..., gros personnage israélite, que l'on tenait à ménager. — Celui-ci trouvait l'irréligion « mal portée... » Selon lui, un culte ou un autre se valait, pourvu qu'on en affichât l'étiquette. — « Vous êtes nés catholiques », répétait-il sans cesse, « baptisez vos enfants. Cela ne les forcera point de pratiquer; vous pourrez même vous dispenser de la Première Communion facile à passer sous silence; mais vous ne les mettrez pas dans la fâcheuse posture de fils d'impies, le jour où ils voudraient contracter mariage de tendresse ou de raison, avec des chrétiens. Croyez-moi, faites baptiser vos enfants... en cachette si vous voulez... ce n'est pas difficile!... Il n'y a pas de publications... Le premier prêtre au fond du plus obscur village vous fera cela discrètement... Vous aurez le papier qui n'engage en rien, et qui peut éviter beaucoup de désagréments dans l'avenir. »

M. B... ébranlé par l'autorité de son parent et par les instances de sa femme, n'était pas éloigné de se rendre... Il se demandait seulement comment il ferait accepter à ses enfants déjà grandelets, ce fléchissement de ses convictions si souvent proclamées?... Les années venaient; et il commençait à regretter que la... petite cérémonie n'eût point été pratiquée à l'égard de bambins inconscients. Il cherchait le moyen d'arranger les choses, lorsqu'il mourut, presque subitement.

Les obsèques furent civiles, selon le désir qu'il en avait toujours manifesté, ses amis politiques ayant pu dominer les scrupules de la veuve, à ce sujet.

Celle-ci pour diverses causes, ne tarda pas à s'éloigner du milieu radical où elle n'avait d'ailleurs vécu que par force, et sans s'y créer d'attaches sérieuses. Elle se rapprocha de sa propre famille et surtout de M. C... près de qui elle trouvait toutes sortes d'appuis loyaux.

Tout le monde tomba d'accord pour la christianisation des deux orphelins. — Mais on avait compté sans l'opposition formelle de ces adolescents. Ce n'était pas, à présent que leur père ne pouvait plus faire respecter ses convictions, qu'ils les désavoueraient!... — Vainement on assura qu'il avait changé d'idées... La piété filiale des enfants demeura incrédule et irréductible. Ceci contrariait fort la famille, traditionaliste, pour qui l'irréligion déclarée semblait chose inconcevable.

La situation fut sauvée par une vague parente, cousine éloignée, protestante !... Dans son culte, pas de sacrements gênants; le droit de libre examen permettant un déïsme imprécis; des pratiques sans agenouillement, sans aucune des cérémonies qui répugnent aux incrédules, — des pratiques négligeables aisément... — On raisonna le frère et la sœur. Ils savaient que leur père n'avait jamais été athée, précisément. On leur affirma, sous serment, qu'il approuverait leur adhésion à l'église luthérienne, s'il était vivant... Ils finirent par y consentir.

— et *Tout le monde* fut content.

Ne dites pas qu'il s'agit d'un fait isolé. Il est curieux uniquement en ce sens qu'il nous montre trois religions d'accord pour respecter les *con-*

venances sans souci de la *foi;* mais il se rattache à d'innombrables cas similaires.

Dans la meilleure société, dans les familles connues pour être « bien pensantes » on voit se multiplier les divorces, les unions consanguines, les mariages civils, — les duels, du côté masculin, — toutes choses réprouvées par l'Église. La plupart de ceux qui combattent les prêtres ont été élevés par eux. La masse associe le culte à la décence mondaine. Le peuple conduit ses morts aux temples, parce qu'il manquerait de respect aux défunts s'il les enterrait « comme des chiens. » La jeune fille tient absolument à faire bénir son mariage, parce que ça fait partie de la noce; le marié, lui, n'y tiendrait nullement. — Si, devenue veuve, elle se remarie, souvent ce ne sera plus devant l'autel... « A quoi bon... puisqu'elle ne s'habille plus en blanc?... » Toutefois elle baptisera les enfants du second lit, qui seront aussi plus tard des communiants et des confirmés, en raison des « fêtes » traditionnelles qu'on se garderait bien de supprimer, — pas plus que le Gouvernement anticlérical n'a biffé les époques chômées de Pâques, la Pentecôte, l'Ascension, le 15 août, etc., etc.

Telle est une situation que nul ne contestera. Les parents les plus pieux n'ont pas d'illusions à entretenir : la Foi de leurs enfants risque fort de diminuer et même de disparaître tout à fait à un moment donné. — On ne saurait désormais compter *exclusivement* sur son « bouclier » pour défendre les âmes de la tentation et du péché.

Le « péché », du reste, n'existe plus. Il est devenu « la faute » de gravité exceptionnelle ou moindre. Le coupable, de par les théories modernes, a des responsabilités atténuées. Si la société lui témoigne aisément de l'indulgence, il est encore bien plus facilement indulgent envers lui-même !

Est-ce à dire qu'il faille supprimer l'enseignement religieux ou l'appliquer avec une rigueur extrême ?

Ni l'un ni l'autre.

L'éducation religieuse bien donnée porte ses fruits et laisse ses traces, mais à la condition que les éducateurs tiennent beaucoup plus à sa valeur moralisatrice qu'à l'observation de ses rites. Ceux-ci s'appuient sur les dogmes que certains esprits discuteront, rejetteront peut-être un jour sans oublier les leçons de vertu qui auront formé leur conscience, et sans cesser de respecter ceux qui croient encore aux affirmations nt eux, ils doutent, *après y avoir cru.*

L'austérité réussit mal avec la jeunesse, parce que la joie est de son âge et que la vraie morale, d'ailleurs, est sereine, puisqu'elle donne la paix intime. Il faut reconnaître aussi que l'*excessive* vertu est le fait des saints, non de la généralité des hommes. Je ne souhaite point l'exaltation parce qu'on ne saurait être exalté perpétuellement sans pencher vers la folie, — ce qui devient bien ennuyeux pour l'entourage... Je désire une belle droiture, des sentiments nobles et généreux... Aucune religion ne s'oppose à cela!... Je voudrais pour la jeunesse la *conviction* tranquille et forte, que le Bien porte de beaux fruits, et que les « amoraux » apparaissant triomphants quelquefois, n'avouent pas les craintes, les regrets, les troubles, les remords de leurs consciences obscurcies.

Lorsque la jeune fille, nourrie, durant le bel âge, d'admiration à l'égard des martyrs chrétiens comme des héros du paganisme, s'apercevra que l'héroïsme n'est pas d'application courante au vingtième siècle, — elle en conservera le goût noble, cependant; et ne tombera jamais dans les fautes dégradantes.

Cette jeune fille prochaine, nous allons déjà pendant son adolescence, la préparer à connaître bien des laideurs. L'honnête femme, aujourd'hui, est obligée de savoir ce qu'autrefois il était permis de laisser ignorer à son âme abritée. Il appartient aux familles de doser l'initiation, certes! mais non de la supprimer.

Plus l'innocence portée à tout croire est complète, plus la dépravation la guette.

La petite créature qui, toute enfant, en commençant à gagner sa vie, frôle partout la perversité, doit savoir s'en garer, surtout quand les pervers lui montrent le vice habillé de séductions.

Les femmes, à l'atelier, sont aussi corruptrices que les hommes ; et ces derniers, en France, dans le pays de la Chevalerie, n'ont ni respect, ni pitié de la jeune fille. Ils la déshonorent et l'abandonnent sans l'ombre de scrupule... Et la Française est plus que toute autre, sentimentale !...

C'est pourquoi la crise amoureuse est à prévoir très tôt. Vouloir se cacher cette vérité, et la cacher à l'adolescente dont la nature s'annonce précoce, constitue une double faute. Lui en parler simplement enlève de l'importance, du mystère à la chose, et dessille les yeux d'une ignorante portée à prendre pour la « passion » le premier rêve ou le premier flirt.

Selon son tempérament, c'est avec l'imagination, le cœur ou les sens, qu'aime la femme de tout âge, — quelquefois avec le tout ensemble. Heureusement les grandes amoureuses égalent en rareté les grandes mystiques ! L'entourage de l'enfant saura bien lequel des trois éléments prime les autres, et quel est le côté le plus facilement vulnérable de chaque nature.

L'Amour est un fait naturel dont il conviendrait de s'entretenir très librement, — comme... de la dentition qui arrive à son heure, et qu'il ne s'agit pas d'éviter, mais de subir dans des conditions normales.

Évidemment la jeune fille actuelle ne passe pas pour ingénue... Cependant elle l'est davantage qu'on ne le suppose. On aurait tort de la juger sur des échantillons, ordinairement parisiens, dont la mentalité salie n'est pas pour cela éclairée. La Parisienne d'abord, affecte une certaine vanité à *paraître* « en savoir long !... » Impossible de préciser à quel âge elle s'est forgé une vague idée de l'adultère, de l'amant, de la « noce », du libertinage vénal ou vicieux, car elle connait souvent les maîtresses de ses frères et même hélas ! la vie privée de son père.

En revanche, elle n'a pas la moindre notion juste et utile du mariage, ni de la maternité.

Elle épouse n'importe qui ; elle met au monde des enfants avec une insouciance et une incapacité de les élever, très au-dessous de l'instinct du moindre animal. C'est absolument pitoyable.

La Provinciale, contenue par la pruderie de ses proches, plus dissimulée, cache le trouble de sa puberté. Moins cérébrale que sa sœur des grandes villes, plus sensuelle parce que plus près de la nature, elle est aussi plus romanesque.

Le vrai remède à tout cela, c'est une solide co-éducation des deux sexes.

Ce système, mal compris, et mal appliqué chez nous, n'a servi jusqu'à présent, qu'à favoriser le « flirt » dans les hautes classes, et la séduction abominable en bas. Il n'y a qu'un terrain, qui, à dire d'experts, ait assez curieusement produit un excellent résultat : les Sports. Le contact des filles et des garçons, dès l'enfance, dans la bonne fatigue, les luttes adroites et courageuses, éveille les sympathies sincères de caractère et d'épiderme. Les artifices de la toilette, le masque de la fausse amabilité, tombent ensemble au cours de ces jeux. Des unions légitimes se contractent fréquemment entre ces êtres qui se sont parfois combattus joyeusement, ou soutenus avec une naissante tendresse. Des enfants sains naîtront de ces couples vigoureux.

Il est temps que la jeune fille cesse de considérer l'homme comme un dieu ou comme un monstre ; et de l'adorer follement ou de le fuir avec horreur. Il faut qu'elle sache qu'un beau matin ou un beau soir, elle rencontrera « un » qui produira sur elle une impression profonde, — à moins qu'au contraire, il s'insinue subrepticement dans sa pensée dont il se rendra maître. Si elle le *sait*, si elle s'y attend, persuadée qu'elle subit la loi commune et n'est pas l'objet d'une aventure extraordinaire, son émoi n'ira pas jusqu'au bouleversement. Même quand c'est une ardente, connaissant le danger, elle se gardera du geste libre. L'imaginative se méfiera des paroles enjôleuses ou licencieuses. Toutes avec une pudeur fière, dédaigneront les coquetteries, les ruses perverses. En défiance d'elles-mêmes autant que des autres, elles se montreront cependant parfaitement loyales. — Pour avoir dissimulé le *vrai* de leur nature, par calcul ou en bonne intention, combien ne se sont pas laissé comprendre ni aimer !... Les défauts sont quelquefois plus attrayants que de feintes qualités ou des vertus contraintes.

Conquérir un brave cœur, rire au nez d'un galant malintentionné, vaut certainement mieux que de rougir jusqu'aux oreilles quand un homme vous parle.

Voilà ce que les mères ne veulent pas reconnaître. Voilà pourquoi tant de filles qui ne sont pas laides ni complètement dépourvues de dot restent sans trouver un mari. La soi-disant *vraie* jeune fille ne plaît pas au jeune célibataire. Celui-ci épouse par raison, par convenances, avec un... calme qui justifie l'intervention des notaires. — En réalité l'homme préfère la jeune veuve, la divorcée, la demi-artiste, la demoiselle ayant passé la première jeunesse. Et les gentils mariages entre camarades, avec un peu d'emballement, ne rencontrent presque jamais qu'une approbation tiède dans les familles.

La fille éclairée est plus honnêtement capiteuse en même temps que plus sage, plus prudente. — Elle ignore les « passionnettes » puériles, les fausses vocations religieuses ou théâtrales, les amitiés excessives, les exaltations qui conduisent, — dès l'enfance, on le sait ! — au suicide solitaire ou partagé. Les « coups de tête » n'existent pour ainsi dire pas, là où l'éducation libérale et saine produit le bon sens. Un jeune esprit imbu de vérité, sait bien discerner la sagesse de la folie.

Cette « vérité » se trouve à égale distance du bas réalisme et de l'idéalisme mensonger.

Comme les spectacles et les lectures influent énormément sur les jeunes cerveaux, il importe que les uns et les autres constituent des écoles de vérité *exacte*.

Le genre grossier, sans être toujours pervers, est à fuir, autant que l'art supérieur est à rechercher, même pour les enfants du peuple. Le Beau est moralisateur. J'ai constaté que tout ouvrier qui se délasse en faisant partie des groupements intelligents, mène une bonne conduite, et se perfectionne dans son travail. La femme à quelque classe qu'elle appartienne, gagne à épurer son goût ; sa profession s'en ressentira ; et si, demi-bourgeoise, elle a su acquérir des connaissances délicates en musique, en poésie, en bibelots, en peinture et sculpture, en dentelles, en décoration, elle devient vraiment « distinguée », en prouvant le « tact » de son œil, et la jolie « vision » de son intelligence, en toutes choses... Jamais l'enrichie subitement par un caprice du destin, ne fera montre du « comme il faut » véritable, s'il n'y a pas eu culture première.

Le théâtre et le roman, dits *blancs*, me paraissent inutiles. Tout ce qu'on écrit *pour* les jeunes filles n'a guère de valeur éducatrice. Gênés par les « convenances », les auteurs présentent des types de conventions et des situations artificielles.

A mon avis, ce qui convient à la jeune fille, c'est un choix de lectures et de spectacles, opéré dans la bibliothèque et le répertoire à l'usage des gens « faits ». On aura soin d'éliminer ce qui renferme des peintures sensuelles, car durant la jeunesse la seule évocation voluptueuse devient troublante, pareille à un attouchement magnétique. Plus que jamais on bannira du foyer tout ce qui est licencieux... Si à la rigueur on a pu défendre à l'enfant d'ouvrir tel livre ou tel carton, tant que l'obéissance sans discussion était son premier devoir, — la prohibition, à l'égard de la jeune fille grandissante, se changerait en une instigation à la curiosité.

Lorsqu'au contraire, l'adolescent est élevée d'une façon loyale et propre, il arrive qu'elle-même repousse l'œuvre libertine ou obscène que le hasard approche de ses regards. Ceci je puis l'affirmer.

Le roman et la comédie de mœurs ne sont pas à redouter. Ecrits par des gens de valeur, ils font voir la réalité de l'existence, les difficultés de carrières, les déboires des talents dévoyés, la triste issue des folles ou coupables amours... Le journal également — sauf quelques feuilles, — ne paraît pas davantage à craindre. Sans doute il raconte des aventures passionnelles... Et puis après? Espère-t-on que la jeune fille n'entendra jamais parler d'adultère, d'amant, de viols, de suicides par désespoir d'amour?... Tout cela ne doit-il pas au contraire lui être servi *froid*, quand son esprit hors de cause possède le calme nécessaire pour profiter des leçons données par les fautes d'autrui?... Le journal vulgarise l'inestimable enseignement « par le fait » ; il dit comment on se casse la jambe en glissant sur une pelure d'orange; comment on se brûle en maniant imprudemment l'essence, — et aussi qu'il faut se méfier des voleurs. Il touche à tout, avec une décence suffisante que lui impose le respect obligatoire de la clientèle.

Je vais jusqu'à dire que le livre de science sera sans nul danger!... Une petite fille trouva jadis un traité de gynécologie — avec les « planches » explicatives! qu'évidemment son père ne lui eût pas mis si prématurément sous les yeux... mais qu'il eut le bon sens de ne pas lui arracher des mains avec une maladroite colère... De ce que la fillette découvrit le mystère de... la génération, il n'y eut pas mort d'innocence. On la pria seulement de ne pas étaler son savoir. Très fière de partager un secret avec son papa, elle se tut hermétiquement, — prenant par ailleurs, de la sorte, l'habitude du silence et de la discrétion. Cette enfant devenue très jolie, riche et intelligente, ne se maria jamais!... Elle a aujourd'hui plus du demi-siècle. Indépendante, voyageuse, de tenue parfaite, de conduite irréprochable, elle prouve surabondamment que la vérité physiologique n'est pas plus corruptrice que l'hypocrite apparence de l'ingénuité.

Egalement je dirai aux familles : « Si vous voulez que votre fille ne devienne jamais joueuse, ne l'empêchez pas de jouer. En jouant, soit dans des parties entre amis, soit en voyage, aux petits chevaux ou à la roulette, elle perdra sûrement ses petites économies après quelques coups de chance peut-être. Ne réparez pas cette perte, faites-en sentir l'inconvénient à la jeune « décavée »... Et agissez toujours de même pour tous les défauts ! Procurez une indigestion à la gourmande, elle n'en mourra pas !...

A propos de jeux, faites comprendre l'erreur des espoirs fondés sur le hasard : spéculations, loteries, etc., etc., en un mot de tout ce qui détourne du travail régulier et de l'épargne, seules chances de gain *sûr*. Montrez la différence entre cent francs jetés sur le tapis et cent francs employés à l'achat d'un titre, — qui lui, ne « s'envole pas » ; qui rapporte à date fixe son intérêt, tout en faisant courir le risque avantageux et très légitime d'un remboursement pour quelques-uns. La grande fille est très sensible au plaisir de détacher un coupon. Bientôt elle rêve d'en pouvoir détacher deux. Et l'habitude de la prévoyance s'incruste en elle. Ne craignons pas que ceci développe des goûts d'économie... exagérée. Nous verrons plus loin comment il faut comprendre l' « économie ».

Plus que jamais les fréquentations de la jeune

fille doivent être surveillées. Sous peu elles deviendront précieuses ou néfastes ; gênantes quelquefois, comme par exemple, lorsque le tutoiement a été inconsidérement établi.

Le caractère non moins observé, étudié, sous une intelligente direction, se formera ferme et doux à la fois, conciliant, pacificateur.

L'exactitude, complément de la politesse, sera exigée rigoureusement ; et le « sans-gêne » interdit envers quiconque, — y compris les serviteurs, les fournisseurs, et... les passants.

Je mets en garde aussi contre la trop facile crédulité.

Les prédictions, les croyances aux sorts mauvais ou bons, ne servent à rien, et influencent le moral toujours plutôt fâcheusement.

Je sais que de doux professionnels s'intitulent « marchands d'espoirs », et je ne nie pas que leurs pronostics aient une fois par hasard relevé le courage de quelques cœurs féminins. Mais cela peut marcher de pair avec « le Noël » des enfants : cela trompe et ne procure pas plus aux adultes la vraie énergie, que la sagesse aux bébés.

Il est très difficile de combattre le goût du merveilleux, inhérent à l'humanité. Le mieux est donc, de beaucoup moins remarquer les faits occultes exacts, que de compter tous ceux qui ne le sont pas. En général nous sommes frappés par les prédictions justes, qui nous impressionnent, et nous laissons tomber dans l'oubli toutes celles qui ont reçu le démenti des événements.

Enfin, ce qui paraît indéniable, c'est que toute personne consultant fréquemment les somnambules, les tireuses de cartes, les astrologues et autres devins, finit par se « détraquer ». Elle perd la vigueur de son libre arbitre; elle est d'avance préparée à... ce qui n'arriverait probablement pas, si sa disposition d'esprit n'attirait pas les choses néfastes, comme le paratonnerre attire la foudre.

DE SEIZE A VINGT ANS

Maintenant je vais prier les parents de me laisser seule avec la jeune fille... — Nous avons besoin elle et moi, de causer sans témoins ; je dois lui faire entendre la voix étrangère toujours écoutée, — au moins par curiosité, — et lui permettre des réponses qui manqueraient de sincérité en présence d'un tiers.

Elle touche au moment où, cessant d'obéir sans discuter, elle ne voudra plus se soumettre qu'avec la compréhension du « pourquoi » de son obéissance. Elle en a le droit. La voici à la veille du combat ; elle s'arme pour le travail, le mariage ou le célibat prolongé peut-être jusqu'au terme de ses jours. Il faut envisager ces éventualités, d'une façon très franche, très libre, en n'ayant pas peur des mots.

Retirez-vous donc, papas, mamans, tantes vigilantes, vieilles cousines inquiètes... Mais collez vos oreilles à la porte si l'envie vous en prend. Vous n'entendrez pas une parole contre la famille. J'espère, au contraire, démontrer à la chère enfant qu'elle aura toujours besoin de cet appui précieux.

A aucune époque de sa vie, alors même que des imprévus l'émanciperaient, elle ne sera qu'une naufragée si elle ne conserve pas des liens au moins lointains avec le port d'attache, le foyer où elle a grandi. Quand les années ont mûri la femme, et même qu'elle survit à tous les siens, c'est encore leur souvenir, leur influence, leur ombre qui s'étendent sur elle et la protègent.

Avant de nous séparer, permettez-moi, pères et mères, de vous dire que c'est certainement le mari qui apparaît comme le plus digne de vous continuer.

Laissez donc vos filles se marier avec des hommes de leur choix, pourvu qu'ils soient honorables et d'éducation égale à celle de vos enfants. Faites bon marché du rang et de l'argent quand l'époux est courageux, et que, courageusement, deux êtres attirés l'un vers l'autre n'ont pas peur d'affronter la vie, la main dans la main. Il y a des folies qu'on doit faire. Il y a des actes de raison qui sont pires que des actes de démence, — tel celui qui vous condamne à vivre durant d'interminables années avec un conjoint que tout le monde juge parfait, mais qui n'est pas « de votre goût », dont la présence gâte tous vos plaisirs, que vous supportez enfin, sans pouvoir l'aimer !

Je prévois l'objection : les jeunes gens se trompent souvent dans leur choix, et les mariages d'amour ne sont pas les meilleurs.

Ils sont même presque toujours les plus mauvais ! !

Cela tient tout simplement à ce que les jeunes gens, et en particulier les jeunes filles se font une idée très fausse de l'Amour... Je compte bien leur dire ce que c'est... Mais oui ! parfaitement... Puisque je vous invite à écouter aux portes vous serez édifiés.

Si, si... croyez-moi, autorisez l'union de tendresse *vraie*, dont la fidélité aura été soumise à quelque épreuve.

Ne vous y opposez d'abord jamais par des procédés qui fassent naître l'inimitié et la rancune entre les membres hostiles de la famille et les jeunes amoureux. Lorsque la prudence commande de combattre un peu ceux-ci, que ce soit avec adresse.

Cédez enfin, parce qu'il faut bien finir par là, après le raisonnement nécessaire... Faites la part du destin. L'attirance mutuelle allégera pour nos étourdis le fardeau des peines inévitables... Et puis, êtes-vous sûr que cette union qui vous plaît médiocrement ne sera pas heureuse ?... et au contraire êtes-vous si certain que celle qui vous séduit ne tournerait pas mal ?

La famille française, il faut bien l'oser dire, gâte son dévouement souvent admirable envers les enfants, par l'égoïsme de son amour. Elle les élève pour elle, et prétend se les conserver. Aux filles en particulier, elle daigne permettre le mariage « de tout repos », dans l'accord parfait des intérêts, avec un époux fort convenable, qu'elle n'aimera pas plus qu'il ne faut... Comme cela, papa et maman ne seront pas trop jaloux.

La Loi naturelle veut que les parents protègent leurs petits avec une abnégation allant jusqu'à l'héroïsme; et quand ces petits n'ont plus besoin de protection, que l indifférence, ou même l'hostilité ! remplace la passion paternelle et maternelle. Il est louable que la tendresse humaine s'élève au-dessus de l'instinct des animaux, et qu'elle subsiste au delà du terme de l'élevage. Ceci ne lui confère pas le droit de sacrifier la personnalité des enfants, — qui n'ont pas demandé de naître... Le moins qu'on leur doive, c'est de leur permettre de vivre à leur guise.

J'ajouterai encore, aux torts des parents, l'imprévoyance avec laquelle ils exposent leurs filles au danger de mal aimer. Ils les mettent en contact avec des hommes capables de plaire, sans songer le moins du monde à l'événement presque certain qui doit arriver... Alors ils poussent des cris d'anathème!... La faute n'appartient qu'à eux-mêmes, car on ne doit laisser dans l'intimité d'une jeune fille que ceux *qu'à la rigueur* elle pourrait épouser.

Je parle bien entendu des jeunes filles que l'on peut protéger, et non des laborieuses qui échappent à la surveillance la plus vigilante.

Pour celles-ci comme pour les autres, il n'y a que deux défenses : connaître le danger, et posséder une conscience.

L'enfant ainsi préparée sera moins facilement victime des séductions, et jamais l'ingratitude ne la révoltera complètement contre ceux qui l'ont élevée.

Je crois que nous avons tout dit?... Je puis introduire la jeune fille ??... Merci... et au revoir.

* * *

— Entrez donc, ma chère petite... Et donnons-nous une poignée de main amicale.

Il paraît que nous avons à causer?... J'en suis ravie... Autrefois on conviait les Fées au berceau des princesses; aujourd'hui on autorise une dame... d'expérience, à donner quelques conseils aux adolescentes sur le seuil de leur vraie vie.

Jusqu'ici, vous étiez dans votre avant-printemps, sorte de saison indécise, quelque chose comme mars, coupé de fréquentes averses... de larmes. Quelle est la petite fille qui n'a pas pleuré!... La poussée de la sève, depuis peu, fait naître en vous les sensations, comme les bourgeons sur les branches... Vous vous trouvez dans votre avril, dans la floraison de vos jeunes talents, de votre fraîche beauté, dont va se produire l'épanouissement progressif... J'espère que vous savourez dans sa plénitude cette époque divine?... et qu'aucun événement de famille : deuil, maladies, soucis matériels ne vous atteint de son contre-coup?

S'il en était ainsi, je vous plaindrais, car ce serait faire un peu tôt l'apprentissage des tristesses de l'existence. Cependant, tout en vous plaignant, je me demanderais s'il ne faut pas apprécier au point de vue de votre bonheur futur, cette précoce leçon de résignation, de courage, et peut-être de sacrifice.

Les chagrins s'envolent vite à votre âge où tant de riantes consolations s'en viendront effacer jusqu'à la mémoire. Souffrir est la seule façon d'apprendre à vivre... Et puis, chacun doit payer une moyenne d'impôt à la douleur, en ce monde; et si on l'a tôt acquittée, il est à présumer que la contribution future sera moins lourde...

Mais vous êtes parmi les heureuses... Vous êtes très... complètement heureuse?...

Non!... Pourquoi?... Qu'y a-t-il??...

— Rien... mais...

Je comprends... Vos parents vous aiment et vous les aimez bien, sans doute... Cependant vos goûts, vos idées, vos espoirs diffèrent... Il manque l'intimité de cœur... Vous aspirez à faire *autrement*, presqu'en tout ce qu'ils voudraient que vous fissiez?...

Eh bien, vous avez peut-être raison?... La

jeune Fille moderne jouit du droit de libre examen. Elle est appelée à des responsabilités auxquelles il lui faut se préparer de bonne heure. Celle qui attend toujours un ordre ou une permission, n'est pas dans les conditions voulues pour affronter les imprévus de l'existence.

Avez-vous admis pourtant que vos parents pourraient bien ne pas avoir tort? En vertu de quelles lumières estimez-vous votre jugement supérieur au leur?...

Vous êtes instruite, par les livres et par les leçons reçues... Mais, réfléchissez... Vous avez si peu vécu ! Vos dix premières années ne comptent pas... Vous ne pensiez qu'à jouer... Depuis quelques mois vous commencez à écouter, à observer... Et voici qu'une lecture, une conversation, sont venus éveiller en votre jeune esprit la critique des actes ou des manières de voir de vos éducateurs... Vous préférez l'opinion d'un étranger à la leur...

Vous êtes peut-être dans le vrai, encore une fois! Je ne me mets nullement du parti de votre famille... Seulement, voyez-vous des faits, des résultats, des réalités qui vous prouvent la supériorité des théories qui vous enchantent... et vous illusionnent aussi, certainement un peu? Permettez-moi de répéter que vous êtes encore très inexpérimentée. Tenez! une comparaison va vous faire évaluer la modique valeur de vos opinions : vous avez étudié la géographie, vous croyez vous faire une idée parfaite du Globe, de ses contrées, de ses habitants, de ses mœurs ; les cartes, les manuels, les « voyages » publiés ne vous laissent dans l'ignorance de rien, à ce sujet. Pourtant, la moindre excursion, pas même très lointaine, à dix lieues, et peut-être moins, de l'endroit que vous habitez, vous révèle les choses mieux ou moins bien, — autrement certes que vous les aviez imaginées. Votre rêve, avouez-le, fut toujours approximatif et inexact, quand il ne fut pas complètement erroné.

Comment voulez-vous, alors, « trancher » en quoi que ce soit, quand ceux qui ont exploré l'immense domaine des sciences, des philosophies, des arts, des lois, arrivent à ne plus oser affirmer que la petitesse du savoir humain ? — et l'impossibilité de proclamer la vérité !

Ne pensez pas que leur modestie conduise à une indécision et à une faiblesse condamnables du « vouloir ». Elle produit, au contraire, une énergie morale très solide, car celle-ci s'accroît sans cesse par le raisonnement, par un esprit de justice complète à l'égard de tout et de tous. Elle acquiert une puissance que n'ont ni le caprice, ni les emballements, ni l'entêtement orgueilleux.

Il faut que vous soyez cela : forte d'âme et de corps, si possible ; forte d'âme doublement, si votre corps est débile.

J'aime et préconise l'Energie parce qu'elle ne saurait jamais nuire. Croyez bien que si la vertu n'est pas infailliblement récompensée, le courage est rarement vaincu.

La loi naturelle veut que le faible disparaisse écrasé par le fort... Le faible qui par chance échapperait à cette fatalité, trouve moyen de se supprimer lui-même parce que le faible augmente tous ses maux, par son défaut de résistance, par son imagination, par sa pusillanimité, par ses perpétuelles petites lâchetés — Ce sont les faibles qui « font des scènes » à chaque instant ; puis ensuite « du drame ».... Les faibles crient, pleurent, causent les paniques, se suicident seuls ou en compagnie... Les faibles sont inférieurs, communs, vulgaires... neurasthéniques. — La neurasthénie n'existe pas ! C'est une simple diminution de la Volonté... La Volonté se soutient et se développe par la gymnastique cérébrale et l'effort quotidien.

Sans doute, la volonté d'être fort ne suffit pas infailliblement à vous fortifier ; mais elle empêche de s'affaiblir davantage. — C'est déjà quelque chose.

On est fort surtout quand on se connait bien ; qu'on sait dominer ses nerfs, vaincre les fâcheuses tendances de sa nature, être maître de soi, en un mot.

Se connaitre est très malaisé. Chacun se forme toutes sortes d'illusions sur son compte;

et l'on ne peut se fier à l'opinion du prochain, sujette elle aussi à l'erreur... — La meilleure méthode est encore de s'examiner avec toute la lucidité dont on se sent capable, chaque fois qu'il nous arrive un désagrément d'ordre physique, matériel ou moral. N'en rejetons jamais la responsabilité sur d'autre que sur nous-même ; car il est certain que quatre-vingt-dix-neuf fois sur cent, c'est la faute de notre ignorance, de notre maladresse, de notre veulerie, de notre incurie, de nos faiblesses mentales.

A mesure qu'on se connaît mieux, on devient plus sûr de soi, plus fort, par conséquent.

Ce qui augmente cette force et cette sécurité, c'est la certitude du bon droit.

Il n'y a de Droit légitime qu'où existe l'accomplissement irréprochable du Devoir.

La connaissance du Devoir, n'est pas toujours facile. Parfois plusieurs devoirs se contrarient en vous sollicitant. — Un noble esprit a dit qu'en ce cas, « il faut toujours choisir celui qui vous coûte le plus ». — C'est presque absolument vrai.

Dans le doute, les personnes pieuses prennent conseil de leurs sentiments religieux. Elles ne sauraient avoir meilleur guide quand leur piété est éclairée. — Malheureusement, de nos jours, les ministres de tous cultes se contentent avec trop d'indulgence d'une pratique... décorative ; ils ne tiennent plus à la solidité de la conviction... Ils lui préfèrent peut-être une sorte de superstition. — Ce n'est pas de la sorte qu'on forge des consciences.

Pour ne parler que du catholicisme qui régit la majorité des français, je dois, en proclamant la grandeur des âmes vraiment chrétiennes, regretter la pitoyable mentalité des « dévotes », fléau du clergé intelligent. — S'il n'y a pas de morale plus magnifique que celle de Jésus ; si les lois de l'Église sont pour la plupart d'une sagesse et d'une prudence tout humaines en même temps que religieuses, — il n'y a rien, par contre, de plus « amoindrissant » pour le caractère, que les cultes quasi-idolâtres *tolérés* par Rome. — Les pratiques en question ne sont d'ailleurs pas « articles de Foi ». On les dit salutaires pour les « simples »... Je ne discuterai pas cette assertion. Mais comme je ne désire pas le moins du monde que vous soyez une « simple », je veux pour vous une croyance large et haute, basée sur la connaissance des Livres Saints, puis faite de soumission et d'espoir. — Obéissez, servez, subissez... Ne demandez pas les « miracles » qui se feront pour vous s'ils sont dans les Vues divines, et qui vous seront refusés quoi que vous fassiez, si leur accomplissement devait déranger ces vues insondables. — L'Espérance placée au rang des vertus théologales, n'est pas celle de retrouver un porte-monnaie égaré, grâce à l'intercession d'un bienheureux; c'est la confiance dans l'Eternelle justice.

—

Êtes-vous pieuse, chère enfant?... L'avez-vous été, et que votre ferveur se soit refroidie? Vous a-t-on peut-être élevée dans l'incrédulité assez commune en notre siècle?

Répondez sans détour, car vous n'êtes responsable en rien de votre absence de Foi. La Foi est une grâce que n'a pas qui la veut.

Cependant, il ne s'en suit pas de ce qu'on vive dans un milieu indifférent ou sceptique, que l'on doive être sans règles ni scrupules.

Il y a deux sortes de « Libre-Pensée » :

L'une est grossière, dégradante, impie. Elle se rencontre rarement chez la femme. La fille perdue elle-même conserve des piétés vagues... quand ce ne serait que le culte des morts.

L'autre, l'athéïsme scientifique, existe chez certaines personnes très « intellectuelles ».

C'est alors l'incroyance absolue, matérialiste, mais qui peut se doubler de vertus très grandes. Il y a des « saints laïcs ».

L'absence de foi pour les esprits très jeunes n'étant pas toujours la résultante de réflexions profondes, confine trop souvent à la négation du devoir. — On est « panthéiste »... On professe « la religion de la Beauté », qui consiste surtout dans l'amour du « Moi ». — On prétend « vivre sa vie », en mettant de côté tout ce qui gêne l'instinct. A peine, au début, consent-on à

« ne pas faire de mal »... Bientôt on se débarrasse de cet inutile scrupule, en alléguant que le *struggle for life* est l'unique précepte vrai, maître de la création.

Très revenue des vertus excessives, et amie déterminée de la Vérité, je ne donnerais pas tout à fait tort à nos petites païennes, si elles avaient un peu raison. — C'est qu'elles n'ont pas raison du tout!... Leur jeunesse présomptueuse ne songe point que la vie n'est pas jusqu'à la fin « belle » à la manière qu'elles entendent, c'est-à-dire éblouissante, radieuse, sensuelle, enivrante... Même quand « on la fait » à sa guise, il arrive que, sauf si la mort vous arrête en chemin, on rencontre un beau jour l'âge d'amoindrissement. Les plus triomphantes « arrivistes » n'évitent pas les trahisons de l'amour, les infidélités du succès, les inconstances de la chance. On y est d'autant plus sensible qu'orgueilleusement on ne les « admettait pas »... On vieillit avec amertume, on déchoit malgré la lutte désespérée; et la femme reconnaît qu'il est bien difficile de « finir en Beauté », si ce n'est par la valeur d'une vie entière estimable, et d'une vieillesse très digne.

Non, l'Intellectualisme n'est pas encore le remède trouvé à la douleur humaine. Notre époque suprêmement intelligente est celle des suicides d'enfants et de la démence fréquente chez les adultes. — Tous les grands sensitifs sont des grands désespérés. Tous les artistes qui ont surexcité leur subtilité, leur esprit, ont misérablement terminé leur carrière. Le génie, le talent immense et robuste, s'accommodent au contraire d'un bon sens normal, et de certaines croyances. On peut nier *presque* tout; mais on s'arrête au bord de l'Inconnaissable. Il y aura éternellement « de l'au-delà »... On aura beau reculer la limite du savoir, on ne concevra pas plus la Création que l'Infini. — Rares sont les savants résolument athées; et comme ils ont le temps de changer d'opinion, ils professeront peut-être un jour des théories différentes. — En général, les gens de valeur respectent les religions, alors même qu'ils n'en aiment pas la plupart des ministres. Ils reconnaissent les parcelles de vérité qu'elles contiennent, et les bienfaits de leur enseignement. Dégagés pour leur part du joug cultuel, ils avouent un spiritualisme imprécis, et refusent de nier la Chose Mystérieuse à laquelle partout et toujours l'humanité, en balbutiant, tâcha de trouver un nom.

La religion tiède, celle de la masse, ne serait-elle pas au fond plus fâcheuse qu'une irréligion déclarée?... Souvent celle-ci est un dogme, à rebours, avec une solide morale et des principes très sûrs; tandis qu'une croyance sans vigueur n'est plus un frein réel. Quelques scrupules, un léger remords, se placent à côté des fautes, mais ne les empêchent pas. Une telle foi fait des âmes rachitiques. On obéit à de mesquines raisons d'être honnête, — quand on l'est.

Je voudrais des convictions robustes, et une élévation des caractères non, pas jusqu'aux régions inaccessibles à la foule des mortels, vers une perfection, un idéal par trop supérieurs... — je voudrais simplement quelques aspirations vers... l'air pur.

Cette régénération, on doit l'espérer de la Femme nouvelle. Son rôle est aussi beau que simple : quand elle se sera relevée elle-même, elle formera les jeunes générations à son image améliorée.

La Femme possède d'admirables vertus ; seulement ce sont des mérites un peu de chien battu qui lèche la main du maître. Sa mentalité dans l'ensemble apparaît assez médiocre.

La Femme d'abord est rarement juste. Capable de dévouement, moins souvent de gratitude, elle se montre toujours dépourvue d'équité en présence d'une personne ou d'une cause qui lui déplaît. — Son pardon est une faiblesse, sans générosité, ni grandeur. Ses affections ? irraisonnées, égoïstes, facilement capricieuses. Ses charités ? turbulentes et ostentatoires. Son désir de considération : vanité !

Tout cela est-il l'effet de la servitude ou de sa nature ?... Je ne me charge pas d'autre chose que de le constater.

Ce qui manque à la Femme, même très intelligente, c'est le sentiment de l'Honneur. Elle enclôt celui-ci tout entier dans le soin de se garder d'une faute qui la déclasse quand elle est demoiselle, et que l'épouse commet avec passablement d'aisance, parce que ce n'est plus elle que déshonore sa culpabilité.

Le véritable Honneur n'est pas seulement « une chose d'homme », comme le disait madame Pierson, dans une comédie récente ; c'est aussi le fait de la Femme qui pour l'instant paraît ne pas s'en croire capable, ni digne.

L'Honneur, c'est tout simplement la Loyauté parfaite ; le dégoût des bassesses et des lâchetés ; le respect de sa propreté intime... Cela peut être parfois l'opinion erronée — jamais intéressée ni vile ! — d'une conscience qui se trompe mais ne se corrompt point.

Nos contemporaines ne comprennent pas ce sentiment-là, parce qu'on ne leur en a jamais fait apercevoir la fière élégance. On les a nourries de préceptes trompeurs. Selon qu'elles appartenaient à des milieux différents, on leur a inspiré le culte du veau d'or, ou celui d'une vertu supra-terrestre. — L'amour de l'argent les a diminuées, abaissées... Ou alors l'attachement à des principes trop rigoureux, leur est apparu, sur le tard, comme une duperie... — Et peu à peu, le fameux « chacun pour soi » a pris la direction des masses.

Le vrai réside dans la solidarité, sans laquelle

l'animal humain ne saurait se défendre contre toutes les calamités naturelles qui l'assaillent et auxquelles il ajoute celles conséquentes à ses innombrables fautes. — Si tous nous faisions à tous et pour tous le Bien qu'il nous incombe de faire, la moitié du Mal régnant sur la terre, et peut-être davantage! disparaîtrait : maladie, misère, ignorance, corruption... — Par égoïsme, il faudrait être altruiste contre l'ennemi commun : ce « Mal » qui nous atteint tôt ou tard, sinon directement, — par contagion, par reflet, par ricochet.

— Très bien... que mon voisin commence.

— Pourquoi lui et pas vous?... Parce que vous craignez d'être dupe?... On ne le devient jamais quand on ne prétend pas « faire l'ange »... Personne ne vous demande des héroïsmes, des abnégations exagérées. D'ailleurs les occasions de s'immoler ne sont pas fréquentes dans la vie habituelle. Seulement, à chaque minute, il nous appartient de donner à nos moindres actions une intention charitable, — le mot étant pris dans le sens évangélique, d' « amour du prochain ». A chaque instant aussi nous pouvons imposer silence aux instincts matériels toujours prêts à parler en nous.

Non, je ne veux pas de sacrifices naïfs à des idéals de convention ou d'imagination... — Il y a des esprits candides, qui s'exaltent pour ou contre des entités : patriotisme ou anarchie, république ou monarchie, musique de Wagner ou musiques italiennes, doctrines pastoriennes ou anti-pastoriennes... Ces gens-là ne pensent qu'à étrangler ceux qui n'ont pas leur manière de voir !... Sans doute il est beau que la jeunesse bouillonne. Où trouverait-on de l'enthousiasme sinon parmi elle ?... Néanmoins, il me plaît qu'au lieu de s'enrôler dans le parti de la violence, de la haine sectaire toujours injuste, la femme soit missionnaire de concorde... Sa modération, en lui gagnant l'estime de ses adversaires, opérera peut-être quelques conversions.

Un jour, elle s'apercevra qu'en ce monde il n'y a pas une doctrine qui ne soit à la fois passible de blâme et de louange, — qui mérite par conséquent, qu'on lui sacrifie des êtres chers ou des intérêts graves.

Non, la bonté intelligente ne sera jamais nuisible à qui la pratique ; elle « rapporte » au contraire une foule de douceurs intimes, — autant que la faiblesse niaise coûte et déçoit.

La vraie bonté n'exclut pas l'énergie. Elle pardonne, mais de haut, parce qu'elle sait que nul n'a le droit de condamner implacablement son semblable; elle châtie quand cela est nécessaire, en souffrant, peut-être, de son indispensable rigueur ; et la douceur si charmante chez la femme, loin d'être une veulerie, sera l'effet d'une domination exercée sur soi-même. — La « douce fermeté », affirme sa puissance, tandis que la bonté molle ressemble à la lâcheté.

La « sensiblerie » n'a rien de commun non plus avec la sensibilité. — Elle est fréquemment un habile prétexte pour se soustraire à de pénibles tâches. — Les évanouissements, les crises de nerfs opportunes, quand elles ne sont pas des « comédies » plus ou moins conscientes, proviennent d'une infériorité physique dont il n'y a pas lieu de se vanter. Lorsqu'on s'en reconnait sincèrement la tare, on doit s'efforcer énergiquement de réagir, par le raisonnement et par la volonté.

La Pitié consiste en une commisération profonde pour tous les êtres vivants, avec le souci constant de diminuer le plus possible leurs souffrances. La nature est dévorante, cruelle. Elle nous impose souvent sa loi de destruction. Lorsque nous devons nous y soumettre, que ce soit en infligeant le minimum de supplice, même au plus infime insecte. Songeons qu'il n'est *coupable* de rien!... Il subit la fatalité qui l'a créé pour nous nuire, et nous mettre dans la nécessité de nous défendre contre lui.

Un chien et un homme blessés sont égaux dans leur peine. Si notre devoir est de secourir le dernier avant l'autre, parce que sa vie est la plus précieuse des deux, n'oublions pas qu'il nous reste le droit d'abréger l'inutile martyre d'un animal, et que le coup de grâce peut être un acte de profonde compassion.

La Charité n'a de valeur morale que calculée dans le but de faire réellement du bien. On peut donner des sommes, et même payer de sa personne, sans être animé du véritable esprit charitable. — Combien de mondaines visitent et soignent les pauvres, en les méprisant au fond du cœur!... Elles s'acquittent de cette obligation de convenances, comme de la messe élégante du dimanche. Mais ce sont les mêmes qui lésinent âprement sur les humbles salaires ; qui cachent jalousement l'adresse de leur « petite modiste », de peur qu'un peu de succès pousse la pauvre fille à « augmenter ses prix ». — Ce sont elles encore qui ne veulent pas de domestiques mariées ; qui payent leurs fournisseurs le plus tard possible ; qui par insouciance, caprice ou entêtement décuplent l'usure physique des infortunés obligés de travailler pour elles.

Je ne crois pas non plus que les « Œuvres » soient opportunes pour les jeunes filles ni les jeunes femmes. A celles-ci des devoirs plus proches, plus immédiats, s'imposent. Avant de s'occuper d'autrui, elles ont à s'occuper d'elles-mêmes, à finir de s'instruire, non pas tant par l'étude que par la mise en pratique de ce qu'elles savent, et aussi par l'observation de tant de choses qu'elles ignorent. — Elles ne sont pas mûres encore pour la bienfaisance instituée ;

elles augmenteraient le bataillon heureusement décroissant des inexpérimentés qui entretiennent les professionnels de la mendicité et découragent le labeur. Il est bon qu'elles sachent déjà que la mendiante, avec un poupon *loué* sur les bras, se « fait une journée » deux ou trois fois supérieure à celle de l'ouvrière honnête qui s'étiole dans un taudis.

Par ce qui précède, on voit combien je suis loin de désirer pour la femme une vertu sans défense, — je veux au contraire que sa droiture énergique et fière la préserve d'une foule de maux, et lui procure la somme de bonheur que chacun peut espérer ici-bas.

*
* *

Maintenant, si nous parlions un peu de l'Amour ?

Chère petite... vous baissez les yeux... Le mot vous gêne... Il est entendu qu'une jeune fille doit l'ignorer.

Pourtant le premier conte de fées qui lui fut narré lui révéla le Prince Charmant ?... Si des maladroits ont remplacé dans les chansons qu'elle entendait, « amour » par « tambour », elle n'en aura que davantage arrêté sa pensée sur la chose mystérieuse.

Pourquoi les familles s'obstinent-elles à taire, à éloigner un sujet d'entretien qu'il faudrait au contraire aborder avec une entière franchise? — Puisqu'il serait puéril de nier que tôt ou tard la femme connaîtra ce qu'on appelle : l'Amour, le fuir serait inutile. Et puis, lorsque l'amour est sain, il constitue la plus intense des joies qu'il nous soit donné de goûter au cours de notre vie.

Ce qui importe, c'est de ne pas laisser s'égarer l'imagination, si folle durant la jeunesse ! et de parler très librement d'un sentiment parfaitement naturel. — Il est bon d'en avoir raisonné auparavant de l'éprouver, quand on est encore désintéressé de la question, et de complet sang-froid.

Toute femme a passé par la petite crise amoureuse. Celles qui le nient dissimulent la vérité, à moins qu'elles ne veuillent se tromper soi-même. — Elles y parviennent.

La jeune fille cache généralement sa blessure par pudeur, — et un peu aussi parce qu'elle se sent vaguement ridicule si elle est sentimentale ; — et déréglée dans ses aspirations si elle est plus... véhémente. La sottise de nos mœurs en a décidé ainsi.

Ignorante et troublée quand elle vit à la campagne, surtout un peu solitaire, ayant de longs loisirs..., l'Ingénue rougit à la seule approche d'un étranger; aime éperdument et sans espoir, un passant; porte en son petit cœur des secrets qui l'étouffent.

Sa sœur des grandes villes, beaucoup moins romanesque, mais en revanche plus curieuse, épouse volontiers le premier venu « pour savoir ». — Et quand elle « sait », comme la réalité répond rarement à son attente, elle pense au divorce comme au moyen permis d'aller voir ailleurs si son idéal y est? à moins qu'au contraire, résignée à l'austère devoir, elle traîne une existence, lourde et sans charme, liée au mari qu'elle a pris sans se douter de ce qu'était le mariage.

L'honnête fille que les circonstances ont, contre son gré, condamnée au célibat, s'imagine que sa vie est manquée; qu'elle a perdu des voluptés divines... — ce dont elle ne se consolera jamais!

Et en opposition nous avons la célibataire endurcie, volontaire, irréductible, qui se vante de mépriser l'Amour. — Celle-là est à mettre à part. Elle a une indépendance... personnelle qui n'empêche pas les qualités, mais qui lui en enlève quelques-unes.

Tout ceci constitue un bien sommaire abrégé de l'état d'âme des jeunes filles en général, et prouve quelle fâcheuse conception elles ont de l'Amour.

Eh bien, nous allons analyser celui-ci sans l'ombre de préjugés ni de parti pris.

L'Amour, d'abord, n'est pas un dieu. — Inutile de se prosterner devant lui.

C'est tout prosaïquement un *instinct*, qui

s'éveille assez tôt ; que les lois reconnaissent en permettant le mariage à quinze ans pour les filles, et à dix-huit ans pour les garçons. De plus, le chef de l'Etat jouit du pouvoir d'accorder des dispenses d'âge, — d'accord en ceci avec l'Eglise qui fixe la nubilité possible à douze et quatorze ans.

En conséquence, il semble parfaitement illogique d'écarter l'amour de l'éducation familiale dès que le jeune sujet *pourrait* être marié, — avec l'approbation du Code et de la Religion.

La sotte pruderie touchant la plus importante peut-être de toutes les questions vitales, s'affirme jusque dans le dictionnaire. Ouvrons-le ensemble, d'abord pour y chercher la définition de l'honnête *Mariage* et ensuite celle du redoutable *Amour*.

Voici ce que nous trouvons (1) :

Mariage. — *La société de l'Homme et de la Femme qui s'unissent* (2) *pour perpétuer leur espèce, etc...*

Les mêmes livres destinés aux écoliers, ont pudiquement adopté cette variante (3) :

..... *qui s'unissent devant l'officier légalement préposé à cet effet, etc...*

Si nous allons à l'autre vocable, nous constaterons l'inconséquence des gens pudibonds. Le dictionnaire qui n'a pas voulu accepter la rédac-

(1) *Encyclopédie Flammarion.*
(2) ... *légitimement* (?).
(3) *Petit Larive et Fleury.*

tion véridique, parlant de « la conservation de la race », qui n'a envisagé dans le mariage que Monsieur le Maire, — devient tout à coup très audacieux quand il s'agit de définir l'*Amour*.

Voici son texte : .

Amour. — *Passion de l'homme pour la femme et réciproquement, etc.*

Tandis que l'autre choisit une formule délicate :

... *sentiment de l'homme pour la femme préférée, et de la femme pour l'homme préféré.*

Sentiment est joli; *passion* est maladif, fiévreux, inquiétant, dangereux... — Quelquefois hélas! c'est vraiment ça, l'Amour... Et peut-être l'excellent dictionnaire des familles a-t-il eu raison d'en vouloir effrayer les enfants... ?

Laissons cela et revenons à ce qui concerne les jeunes filles de votre âge.

Le « Croissez et Multipliez » est inscrit dans la Bible. — Les catholiques en répétant chaque jour la « Salutation Angélique » murmurent : «... et Jésus le fruit de *vos entrailles*... » Cet *Ave Maria* que l'Eglise met sur les lèvres des vierges à jamais consacrées dans les cloîtres, n'a donc rien d'offensant pour la pureté?... Alors, pourquoi feindrons-nous d'ignorer ce que la nature exige, ce que les lois sanctionnent, ce que le culte bénit?

Voici la réalité :

Durant leurs plus belles années, les êtres de sexe différent se cherchent, poussés les uns vers les autres par un penchant naturel que la Société a régularisé en instituant le Mariage civil et religieux.

Ce « désir » du rapprochement complet, spécial, d'où résultera la naissance des enfants, fut quelque peu brutal chez nos ancêtres primitifs ; la délicatesse d'*aimer* celui ou celle qu'ils *désiraient* seulement, aux époques grossières, fut une victoire de l'esprit sur la matérialité, et l'un des plus nobles progrès de l'Humanité en voie de perfectionnement. — L'instinct idéalisé s'est transformé, est devenu : « l'Amour... »

Saluons !

Toutefois, la qualité de l'Amour n'est pas identique chez l'Homme et chez la Femme. — Pour celle-ci, c'est une aspiration vers la tendresse prête à tous les dévouements, à toutes les immolations. — La femme « se donne... » et ce don d'elle-même implique l'acceptation de la souffrance physique, inévitable, même pour les plus robustes, les mieux constituées, les mieux préparées à l'initiation et à la maternité. L'amour est pour elle un sacrifice, joyeusement consenti sans doute, — mais un sacrifice.

L'homme au contraire, « prend » la femme avec une complète jouissance, ne risquant rien, n'ayant rien à perdre, pas même un brin de considération, puisque nos mœurs propices à ses élans, les encouragent, au point de lui reprocher son état de... néophyte quand celui-ci se prolonge trop. — L'homme a l'amour orgueilleux, triomphant.

En notre pays, les mariages sont peu précoces. La française, avant ses vingt ans sonnés, fait une maman-nourrice fragile; le jeune français, à l'issue du service militaire, se trouve aux prises avec des nécessités de position souvent assez dures... La prévoyance des familles s'oppose aux unions mal assurées contre les éventualités pécuniaires fâcheuses. — C'est très bien; mais il découle de cette prudence un principe d'immoralité que j'expose à votre sagesse, ô naïves, ô crédules jeunes filles : Etant donné que l'homme ne veut ni ne peut se marier de bonne heure, et que l'habitude de la liberté prise par lui l'incite souvent à ne se marier jamais...; — étant encore donné qu'il entend ne pas se priver de satisfaire son « instinct » élégamment baptisé : « amour », — nous nous trouvons en face d'un résultat clair et mathématique :

L'homme, légalement, est amoureux à seize ans (selon la moyenne établie par le code et l'église); — jusqu'à trente ans encore approximativement, c'est-à-dire durant quatorze années, il exerce son « amour » EN DEHORS DU MARIAGE, AUX DÉPENS DE LA FEMME.

Laissant de côté la vertu, les conventions, les préjugés, la morale... tout ce que vous voudrez, je vous place en présence d'un fait positif. Vous plaît-il d'être une des... victimes ?

Remarquez en outre que les trompées, les abandonnées, sont toujours les meilleures ! celles qui ont bien moins cédé à leur propre entraînement qu'aux supplications et aux larmes d'un être qui parle de se « tuer », parfois.

Celui-là est terriblement plus dangereux que le « séducteur »!... Il promet la réparation en toute sincérité ; et le plus attrapé c'est lui-même, lorsque dégrisé, il s'aperçoit de la légèreté avec laquelle il a pris un engagement qu'il ne pouvait pas tenir. — Alors, honteux, lâche, il s'éclipse.

Comme je n'écris pas seulement pour les demoiselles bien gardées par la vigilance d'une famille aisée, j'ouvre ici une parenthèse : Il y a de par le monde, de pauvres petites travailleuses qui sortent seules et vivent dans la promiscuité de camarades pervers... Rien ne les protège, ni ne les défend, elles ! les mille fois exposées... Et alors, comme ce sont toujours les plus honnêtes, c'est-à-dire les naïves, les ignorantes, qu'on abuse le plus aisément, le suicide, l'infanticide, les pratiques médicales criminelles et souvent mortelles, sont le tragique dénouement du roman d'amour.

Eh bien, si le « malheur » arrive, il faut certes le déplorer ! mais non pas recourir à des solutions qui ne réparent rien et ajoutent le crime à

« la faute ». — La société n'est plus aussi impitoyable qu'autrefois ; elle accorde un peu de compassion à la coupable qui ne s'absout pas soi-même avec désinvolture. — Libre, celle-ci n'a en somme causé d'injure et de tort qu'à elle seule. Emancipée par l'acte qui la place hors de la voie régulière, elle n'a de devoir actuel qu'envers le petit être qui naîtra bâtard... Si elle accepte de se relever, de se réhabiliter par des vertus « d'honnête homme », elle ne doit ni se désespérer, ni renoncer à refaire heureusement sa vie. — Du courage... Toujours du courage ! — c'est encore le meilleur des repentirs.

Pour se défendre contre le danger d'une faiblesse que tant de contingences favorisent, le seul moyen sûr consiste dans la règle préalablement arrêtée, d'abord de ne jamais « jouer avec le feu », puis de n'accorder le tête à tête sous aucun prétexte.

Le « flirt », les privautés soi-disant innocentes — sont d'ailleurs des façons d'être indignes d'une femme qui se respecte, et franchement humiliantes pour elle. A ce jeu, cruelle ou dupe, elle s'amoindrit forcément, autorisant les audaces de l'homme, et les justifiant jusqu'à un certain point. La coquetterie, les complaisances, allument, excitent cette « passion » qui demeure le côté instinctif et brutal de l'amour, auquel les plus sages risquent de ne pouvoir résister.

Quant aux « rendez-vous », il n'existe aucune raison d'y consentir, sinon en cas d'explications nécessaires et en présence de témoin sûr. La correspondance vaut encore mieux, quoi qu'on pense du danger des « écrits ». Il est certainement moindre que celui d'une entrevue, périlleuse pour la jeune fille, car une lettre loyale n'a jamais déshonoré personne, quand elle parle pudiquement d'un amour pur. — Ne signez rien que vous ne puissiez proclamer hautement, voilà tout.

Je veux intercaler ici un exemple de juste méfiance :

Mademoiselle A..., déjà majeure, assez riche, se voyait depuis quelques mois entre deux prétendants à sa main. Nous les appellerons B et C.

Le premier, disons-le, avait touché son cœur. Elle ne le laissait pas encore voir, ayant des raisons de famille pour se taire... L'autre, qui lui était par contre souverainement antipathique, espérait cependant finir par s'imposer, grâce à des influences puissantes.

Comme il sentait que le pire obstacle à ses projets était B, il cherchait à s'en débarrasser. Cela ne semblait pas aisé. Néanmoins il conçut un plan : — celui de donner l'apparence de l'indignité à l'un ou à l'autre des deux jeunes gens, car il n'ignorait pas leur droiture, et il avait tout lieu de penser que leur attachement ne persisterait pas, là où il n'y aurait plus d'estime.

Il imagina ceci :

Mademoiselle A..., sortait seule. Elle avait des habitudes qui l'amenaient dans les parages de la maison où habitait C... Il s'arrangea pour la rencontrer « par hasard », et osa l'aborder. Avec une véhémence contenue, il lui tint ce discours en substance : « — Je vous aime... Je sais que vous me préférez M. B... J'en suis doublement désolé, car vous êtes victime des ruses d'un malhonnête homme... J'en ai la preuve. Si vous en doutez, montez un instant chez moi... Je vous la fournirai ! ! »

Le vilain monsieur comptait sur la vivacité du caractère de la jeune fille, sur une certaine vaillance, une décision dont on la savait capable ; il espérait qu'irritée, frémissante, elle allait le suivre... Il se leurrait... Ce n'était pas une naïve ; elle lui répondit : — « J'ai peine à vous croire !... Mais cette preuve, si vous la possédez, vous pouvez tout aussi bien me la montrer chez moi que chez vous... Non ? .. Eh bien tant pis... Si elle n'est pas transportable, trouvez en une autre ! ! » — Plus tard, elle acquit la certitude qu'un piège lui était tendu, où elle aurait laissé tout au moins sa réputation

Un dernier mot : On vous a dit, et l'on ne mentait pas, que parfois la tendresse la plus vive, la plus fidèle, se produit en dehors du mariage... et que la régularisation des « unions libres » était assez fréquente.

— Certainement. Tout arrive, même cela. Je constate aussi, voulant être complètement véridique, que l'homme épouse souvent plus volontiers sa maîtresse à qui il n'avait rien promis, qu'il ne réalise la promesse faite à une malheureuse avant l'abandon d'elle-même. L'inconduite audacieuse obtint aussi parfois des récompenses bien imméritées...

Mais on montre celles qui ont eu des chances scandaleuses, apparemment insolentes en leur triomphe ;... et l'on néglige de compter la multitude qui finit misérablement. — Demandez aux médecins des hôpitaux, leur témoignage!... Vous serez épouvantée.

*
* *

Revenons donc au mariage, probable destinée de la jeune fille. Il se présente pour elle encore avec un désavantage :

L'homme y arrive après avoir exercé son imagination et ses facultés amoureuses, — ayant peut-être connu « la grande passion »... En tout cas, lorsqu'il se décide à convoler, c'est de son plein gré, parce qu'il aspire au repos, au foyer, à la famille. Il ne demande qu'à aimer celle qu'il va prendre pour compagne. Il l'aime peut-être déjà au moment où il sollicite sa main... — Toutefois il y a des chances pour qu'il soit moins « épris » qu'il le croit, ou qu'il feint de l'être, — et surtout que sa fiancée le suppose. Cet échantillon-là est cependant le meilleur.

Nous avons moins bien : — le monsieur qui épouse, parce que sa carrière exige qu'il soit marié, et que sa femme lui apporte un peu d'argent. — Il ne demande pas mieux que d'aimer celle-ci; il y tâchera même avec une certaine bonne volonté; Si « ça ne vient pas » tant pis !... — Il fait sa cour avec intelligence et produit l'illusion... quelquefois à lui-même autant qu'aux autres... Mais il se peut qu'il n'en ait pas du tout.

Voici encore plus mal : le vrai coureur de dot qui a besoin de payer ses dettes afin de recommencer « la fête »... Il s'empare du « sac » et prend la femme les yeux fermés. Peu lui importe, puisqu'il est d'avance résolu à la négliger... beaucoup ou complètement. C'est généralement le plus habile à séduire.

La jeune fille qui n'a pas fait, comme l'homme, des essais préalables, qu'on a leurrée surtout, sous prétexte de conserver son innocence, prononce le vœu de fidélité à un individu qu'elle connait fort peu, et à des devoirs qu'elle ignore, à propos desquels, — ce qui est pis que l'ignorance! — elle se forge des idées complètement erronées. Cependant en acceptant ou en choisissant ce mari, *elle n'a pas le droit de se tromper*, puisqu'elle ne peut se reprendre sans dommages.

— Beaucoup de mariages arrangés par les parents, sont très heureux.

— « Oui », répondrai-je, parce que les parents, bien intentionnés en général, connaissant à fond leurs filles, apportent leurs soins à choisir des gendres entourés de toutes les garanties requises par l'expérience.

Mais ce gendre qui leur plaît, qu'ils trouvent « bel homme » n'a peut-être pas les charmants défauts par lesquels il plairait à sa femme ? Il n'y a pas entre elle et lui la sympathie d'intelligence et d'épiderme nécessaires à l'éclosion de l'amour conjugal... — Et alors celle qu'on croit heureuse ne l'a pas été une heure et ne le sera jamais. Elle « supporte » son conjoint, voilà tout.

On assure que la jeune fille n'est pas difficile ; qu'elle aime le premier venu qu'on lui permet d'aimer... Ça marche à peu près... Mais on n'est pas éternellement jeune ! la maladie, les difficultés de l'existence, vous viennent « dépoétiser »... Et quand les « atomes crochus » n'existent pas, le devoir semble bien aride ! Des choses vous répugnent ; les taquineries d'un caractère hostile vous criblent de ces « coups d'épingles » plus suppliciants qu'une vraie blessure... Et la majorité des femmes finissent par dire. — « Mon mari est très bon...

mais... » Ce triste correctif est le douloureux sous-entendu de perpétuels sacrifices.

L'homme qui ne rencontre pas dans son ménage l'idéal complet que s'était forgé son espoir, peut à la rigueur s'arranger d'une épouse à qui ne manquent que les qualités attractives... Il se résigne facilement. Sans aucune culpabilité, il « se retrempe » en sortant pour ses occupations, en voyageant, en usant de la liberté accordée au mâle... Il rapporte une provision de patience contre les travers et les imperfections de sa « moitié »... Enfin, il y a des maris adroits, qui ont réussi à se créer un second intérieur sans que jamais leur famille en eut le soupçon.

La femme, au contraire, retenue par mille devoirs, par les convenances, privée des distractions les plus innocentes, finit par « étouffer » littéralement dans une atmosphère contraire à sa nature Les plaisirs mêmes qu'elle prend en compagnie d'un conjoint qui les lui gâte tous, deviennent un supplice.

*
* *

— Comment faut-il donc se marier ?

Jamais par passion.

Le moins possible par raison.

L'erreur est aussi profonde dans le roman que dans le calcul.

Le mariage étant une association de durée illimitée, pour la vie en commun, devrait réunir les convenances et l'inclination reciproque.

Pour réaliser ce joli problème, il ne faudrait pas que l'on *cherchât* à se marier, ni qu'on se *laissât* marier.

—

Si la famille a été prévoyante, de longue date elle a pensé au mariage de l'enfant. Elle a cultivé le milieu honorable où il lui paraissait que l'époux doive se rencontrer à l'heure opportune.

Elle n'a pas organisé des fiançailles enfantines qui ne se réalisent pas en justes noces, les trois quarts du temps, ou bien qui unissent deux jeunes gens nullement faits pour « atteler » ensemble. — Si l'on a obéi au principe de Co-Éducation rationnelle, la jeune fille n'a qu'à se laisser aller avec confiance au devant de sa destinée, jusqu'au jour où elle rencontrera « l'Ami » qui doit être et demeurer toujours l'époux.

Elle se gardera aussi de confondre ses « passionnettes » avec le « grand amour », et de se laisser prendre aux fougueuses ardeurs de certains galants.

Le mariage de passion, irréfléchi, « emballé », tourne rarement bien. — « L'appétit » qu'il témoigne, glouton souvent, se rassasie vite...

tandis qu'au contraire « l'attachement » s'accroît au lieu de diminuer.

La passion est un paroxysme qui ne saurait se maintenir. — Elle piaffe, s'aveugle, commet des folies... — puis un beau jour elle se dégrise, et, justement ou non, elle prend en horreur ce qu'elle adorait.

Ne croyez pas que je vous mente, chère petite à qui je dessille les yeux. Faites-vous raconter l'histoire des couples connus; lisez les romans modernes, d'observation réaliste; vous verrez ce que devient le bouillant amour !... Si vous le rencontrez sur votre route, méfiez-vous. C'est lui qui conseille les escapades, les suicides... toutes les folies !... ridicules, au fond.

Supprimez le drame. Ne voyez pas la fin de tout, parce que se brise le mariage rêvé, ou s'enfuit un ingrat. — En ce dernier cas, ayez assez de fierté pour mépriser et ne pas regretter. — Si ce sont les circonstances qui s'opposent à vos désirs alors que vous êtes aimée et que vous aimez, résignez-vous... Considérez qu'il vaut mieux être séparés par les événements que par l'irréparable et atroce mort... Vous souffrirez beaucoup, énormément peut-être?... Mais les vivants ne meurent pas de voir mourir... Vous ne mourrez donc pas d'avoir pleuré.

Le mariage, nous l'avons dit, constitue un contrat d'où l'estime, l'affection, la sympathie intellectuelle et physique ne doivent sous aucun prétexte être exclus ; néanmoins, sans l'assurance aussi d'une certaine tranquillité matérielle pour ceux qui le signent, il risque fort de se transformer en une douloureuse et discordante association.

Il n'apparaît plus possible, à notre époque, de se jeter tête baissée dans l'inconnu. Personne n'a besoin de richesse, mais nul ne se passe de l'indispensable. Le travail devient de plus en plus difficulteux; pour quelques aventureux qui ont réussi dans l'imprévoyance, des milliers de couples sombrent chaque jour en pleine misère, par suite de fatalités, de maladies, de trop lourdes charges, dont les imprévus viennent à bout des bonnes volontés et des plus stoïques énergies. Pour se mettre en ménage, la sécurité non pas d'un avenir que tant de choses peuvent bouleverser, mais du lendemain... — et de l'après-demain, — est nécessaire, raisonnablement.

Comme on ne peut pas rencontrer *tout*, y compris la perfection, chez le prétendant, il importe davantage de considérer ce qu'il a *contre* lui, que ses apports avantageux.

Mettre l'ensemble en balance serait une trompeuse opération, car toutes les qualités peuvent être annulées par un seul défaut capital. — Des côtés séduisants il n'y a pas besoin de s'occuper. Ce sont les inconvénients de l'union éventuelle, et les défauts du prétendant ; qu'on doit envisager! — Seule, l'intéressée *sentira* si elle peut s'en accommoder. C'est affaire de tempérament personnel. — Celle-ci supportera l'infidélité plutôt que le désordre; tandis qu'une jalouse préférera la constance, et serait prête à la payer de toutes les privations. Telle autre ne souffrirait jamais les procédés d'un homme sans éducation, tandis que sa voisine s'en accommodera si la bonté se cache derrière la grossièreté des formes.

Divers obstacles, selon moi, devraient s'opposer à la conclusion du mariage : les hérédités fâcheuses; les maladies transmissibles; l'alcoolisme; et l'indignité de la famille, — car en s'épousant on ne doit pas penser qu'à soi seule; on contracte une responsabilité très grave envers la descendance que l'on *condamne*... — pesez bien ce mot! — à naître.

Neanmoins, il ne faut pas tomber dans une intransigeance absolue. Tout est surprise en cette vie! Ce que l'on choisit ne demeure pas toujours ce que cela était au moment où l'on a arrêté son choix : l'homme riche se ruine et tombe plus bas que le pauvre auquel on l'a préféré; l'homme sain est tué ou rendu infirme par accident; les qualités, les vertus, les talents qui offraient toute garantie deviennent causes de malheurs... — Il n'y a qu'une chose qui ne trompe pas : la sympathique grâce à laquelle la vie devient en quelque sorte « homogène » et si douce... Quand on était « faits l'un pour l'autre » les torts mêmes se pardonnent sans laisser de rancune.

On peut lutter contre tous les défauts d'un mari, et savoir l'en corriger ou en diminuer considérablement les effets. — L'adresse, l'énergie, l'art de « savoir le prendre » arrivent à de bons résultats. — Il n'y a qu'une chose contre laquelle tout se brise : l'Alcoolisme.

Celui qui « boit », — ivrogne dans le peuple, intoxiqué élégamment dans le monde, — est *inguérissable*.

On cite des cures... Je n'y crois guère. — Si on les a réalisées, c'est que le sujet était encore jeune, de volonté énergique, et de tempérament capable de supporter la « privation », très dangereuse. Le véritable alcoolique ne cesse de l'être qu'en mourant, et meurt souvent de cesser. Il ne *peut pas* se corriger : c'est inutile de l'espérer. Tous les efforts échouent contre les exigences impérieuses du « besoin ». Il retombe dans l'habitude devenue pour l'organisme aussi forte que la nature. Il en sera de même de la morphine, de l'éther, que les traitements les plus rigoureux ne parviennent pas à vaincre. — S'il y a guérison (sauf au début du mal), il y a rechute, ou répercussion sur le cerveau, le cœur, les nerfs... sur un organe quelconque. — Les enfants de tels êtres sont des « dégénérés. »

Je dirai même en passant, pour revenir aux

buveurs, qu'on aura raison de se défier même, non pas du « gourmet » généralement homme d'esprit, mais du très gros mangeur. Cette matérialité engendre des maladies, de précoces infirmités et souvent de la brutalité. Jamais un « bâfreur » ne sera une nature d'élite.

L'Honorabilité prendra le pas sur la fortune parce que le nom, la situation du chef de la famille, assurent la respectabilité de l'épouse et l'avenir des enfants, par les relations ou les alliances. Rien de plus terrible, même avec de l'argent, que d'affronter le mépris public. On le brave orgueilleusement, mais en souffrant. Il devient criminel d'infliger aux siens la honte de s'appeler comme un père ou un mari déconsidéré, et encore plus : taré. — Si par dévouement une jeune fille acceptait de partager le sort d'un coupable repentant, ou d'un innocent portant le poids des fautes d'autrui, je comprendrais sa générosité réfléchie, résolue, mais non le fait d'un coup d'exaltation. — Quand la conscience parle, on obéit ; et quand on a obéi, il ne faut pas regretter.

Les jeunes filles se laissent facilement éblouir par les individus triomphants, entourés d'un prestige dont il n'y a pas à nier la séduction... Qu'elles en rêvent, les pauvrettes ! il n'y a pas grand mal. Quant à épouser, cela demande réflexion.

Depuis le joli garçon « coqueluche » des dames, jusqu'à l'artiste célèbre, et le héros plus ou moins en vedette, tout homme qui a charmé, charmera encore, vivra au milieu de tentations auxquelles il lui sera presqu'impossible de résister. Sa femme devra se résigner à *le* partager... tout au moins avec la foule. Il rentrera chez lui rassasié de gloire, vaniteux, susceptible, las d'avoir été « en représentation »... Le métier d'épouse, en ce cas-là, exige infiniment d'abnégation. — On a pour récompense, il est vrai, l'honneur de porter un nom plus ou moins célèbre, d'être enviée par beaucoup; de jouir de privilèges qui s'attachent toujours à une célébrité qui devient un peu la vôtre... — Si l'on est raisonnable, que l'on se décide d'avance à un rôle d'amie plutôt que d'épouse, la situation a du bon. Mais il ne faudrait pas s'illusionner en... prononçant le vœu de renoncement.

De charmants ménages échappent quelquefois à la règle plutôt méchante; c'est quand la femme, jolie, ou exerçant une profession, charme ou travaille auprès du mari, sans rivalité, et presqu'à *égal mérite*. Ce sont alors ces « associés » que notre littérature a classés. La raison de la bonne entente réside dans l'intelligence des deux parties, capables de concessions mutuelles, et d'alliance pour le profit des deux.

Ne craignez pas, si vous avez un peu de fortune, de lier votre sort au garçon pauvre, mais bien doué, travailleur et de bonne conduite. L'entente du capital, et des mérites qu'il peut mettre en valeur, devient de l'excellente coopération. — Il y a une différence considérable entre ce genre de prétendant, et le chercheur de dot pour satisfaire ses vices et son désordre.

Mon impartialité m'oblige à reconnaître que les parents ne sont pas infaillibles dans la direction matrimoniale de leurs filles : Tantôt on fait accepter adroitement à celles-ci un mari dont on s'est entiché ; tantôt on s'oppose sans motifs sérieux à de gentilles amours. — Les mères surtout obéissent à des considérations toutes féminines, dépourvues de largeur, aussi bien en poussant l'enfant au mariage, qu'en la condamnant au célibat, — ou encore, hélas ! compromettant sa réputation par une manière légère de la conduire.

Quand la jeune fille s'en aperçoit il est quelquefois trop tard pour réagir contre une tyrannie, une insouciance ou les mauvais calculs dont elle est victime. Son défaut d'expérience risquerait dans la révolte de lui faire rencontrer pire encore que ce dont elle souffre. — Cependant elle peut opposer en certains cas, une sage et respectueuse résistance, ou un acte d'émancipation accompli après réflexion, sur le conseil de gens sérieux, dans des conditions irréprochables. Ce serait sottise que de se laisser sacrifier par des parents entêtés, déraisonnables ou méchants; néanmoins il faut se rappeler que l'antagonisme de la femme et des siens est toujours un gros risque; il crée une situation désavantageuse dont on peut avoir la bravoure, mais à la condition de s'assurer un rôle suffisamment honorable pour triompher finalement.

*
* *

Je conseille également certaines décisions énergiques quand il s'agit de circonstances particulières.

On a vu par exemple des jeunes filles refuser d'épouser un homme aimé, pour ne pas lui confesser tel ou tel secret de famille. — Ce sont là des héroïsmes, des générosités plus romanesques que louables. — Sans doute on ne racontera pas les affaires plus ou moins mystérieuses de sa maison au premier venu; mais quand un monsieur vous fait l'honneur de désirer vous donner son nom, on lui doit au moins loyalement le motif pour lequel on le repousse. Il se peut que son affection trouve le moyen de lever les obstacles qui semblaient insurmontables?... En tout cas, on se sépare en amis confiants, et non sur une arrière-pensée probablement offensante pour l'une des deux parties.

Lorsqu'on sent aussi qu'on passe sa jeunesse

sottement, dans une atmosphère étouffante, sans horizon, et qu'on en pourrait sortir par le travail, il devient bon de secouer la routine ou les préjugés Certains milieux arriérés croient encore que le travail amoindrit, et que la femme en particulier déchoit lorsqu'elle gagne sa vie. Les familles préfèrent vouer leurs filles à des existences décolorées, plus tristes certainement que le cloître, ou encore leur faire accepter des situations parfois serviles de parentes pauvres, à la fois orgueilleuses et humiliées. Ceci n'est plus de notre temps.

Il y a dix ans, on « comprenait » que la femme travaillât, quand elle tombait dans l'adversité ; aujourd'hui on la loue de ne pas quémander la pitié, de vouloir seulement l'appui pour son laborieux effort ; demain on blâmera nettement celles qui n'auront point de vaillance.

Sans doute les conditions du travail sont encore bien dures pour la femme, mais elles s'améliorent et s'amélioreront rapidement. Elles sont pénibles surtout lorsque la travailleuse s'est laissé acculer à la pressante nécessité, qu'elle n'a pas su se préparer à la vie active, intelligente, pratique. Quand elle affronte l'épreuve dans des conditions convenables, elle en souffre moins, elle en sort vite, et s'honore d'en avoir triomphé.

Or rien n'égale l'incurie des anciennes familles, notamment en province, en matière de travail. Sans l'ombre de soupçon des difficultés, de la concurrence, de la production intense, des luttes de concours, on vous parle naïvement d' « écritures chez soi »; de petites broderies; de situations près d'une dame, en qualité de lectrice; de peinture sur éventail, ou de tricot à la machine... On ignore que même le réel talent demeure improductif s'il ne possède les débouchés ou les relations qui le mettent en valeur.

Quelquefois, par contre, une pauvre créature s'est laissé monter la tête par un compliment, par un succès local... Elle quitte tout, elle brave tout, pour se lancer dans une carrière décevante, dont l'aboutissant est trop souvent tragique.

Si vous prévoyez la nécessité de vous créer une situation, jeune fille, pensez-y dès l'adolescence ; choisissez une filière; suivez-la sérieusement; n'ayez pas d'ambition extrême; contentez-vous d'une tranquille et sûre médiocrité.

Je ne puis décrire par de minutieuses explications les innombrables voies dans lesquelles on peut s'engager. (1) — Je donnerai seulement deux petits conseils, en passant, à propos de la musique :

Si vous étudiez le chant, prenez surtout un

(1) Lire *Comment une femme peut gagner sa vie.....* (Tallandier, Éditeur).

professeur de « voix », qui vous fasse votre instrument. Le style, le goût viendront par la suite. Ils ne vous serviront à rien si votre organe manque de solidité ; et si vous êtes vraiment « artiste » vous n'aurez besoin de personne pour vous les enseigner. — Pendant longtemps ne travaillez que le « medium », et ne craignez pas de faire trop de vocalises.

Soyez « musicienne », bonne lectrice, et capable de vous accompagner. Le professorat est toujours votre avenir plus ou moins éloigné. Or, sans l'autorité musicale, la leçon devient impossible, ou très onéreuse puisqu'il faut payer un accompagnateur.

*
* *

Le talent, les capacités, les mérites, ne paraissent pas toujours justement récompensés, alors qu'au contraire certaines médiocrités font des chemins surprenants.

On s'en étonne, lorsqu'on a la vue courte. On s'explique facilement les insuccès lorsque l'observation vous a démontré l'importance des « à-côtés », des qualités ou des travers accessoires.

L'ordre, la bonne conduite, en première ligne, garantissent à eux seuls une réussite relative dans la vie. Ils assurent les relations sérieuses sans lesquelles rien n'est possible. — L'esprit exact, pondéré, préserve des étourderies, des sottises parfois irréparables. Il enseigne la circonspection à l'égard des inconnus, des beaux parleurs, des flatteurs, — et même des personnes de prime abord très convenables, auxquelles cependant, il est toujours prudent de ne pas accorder une trop prompte confiance.

La jeunesse est portée aux amitiés spontanées; il ne faut pas s'y abandonner sans réserve, ni en subir l'influence irraisonnée. La jeune fille en écoutant ses sympathies, se rappellera qu'elle peut avoir des « compagnes » charmantes, des « connaissances » intéressantes, agréables, précieuses ; mais qu'en dehors de ceux qui ont entouré son enfance, elle ne saurait avoir *déjà*, des « amis », dans le sens parfait du mot. L'épreuve du temps et des circonstances viendra donner aux attachements leur certificat de valeur, de solidité... ; pour l'instant on n'en est qu'à l'épreuve.

L'agrément du caractère est la base du succès, de la joie intime, du calme bonheur ; — plus tard : de la résignation, au déclin de la vie.

Le « bon caractère » ne réside pas dans une complaisance molle, à toutes les dominations ; au contraire, c'est la volonté assez énergique et quelque peu autoritaire qui plaît le plus, lorsqu'on sait être assez juste, assez courtois, assez franc, pour avoir presque toujours raison, et pour reconnaître loyalement son erreur quand on s'est trompé.

La belle humeur résulte d'une appréciation sage des faits, des gens, et de la destinée.

Les années démontrent que tous, nous méritons l'indulgence et la compassion ; que rien ne vaut la peine d'une colère, d'une rancune, d'une vengeance ; qu'aucun plaisir, aucun honneur, aucun rêve, ne mérite davantage qu'un regret passager.

Plus on va en avant, plus on devient tolérant, indulgent, indifférent aux petites taquineries de l'existence.

La femme — jeune, surtout !... obtient plus avec un sourire, qu'avec la ruse et la violence. J'entends qu'elle « séduit » les événements, alors qu'elle ne paraît pas conquérir toujours les personnes. Sa grâce, sa serviabilité, ses égards, lorsqu'ils sont sincères, constituent la première manifestation de son amour du prochain, — vertu évangélique qui trouve sa récompense immédiate par la réciprocité qu'elle attire.

L'oubli relatif de soi-même rend indifférent aux légères contraintes, aux privations, aux contre-temps fâcheux... On en prend son parti sans aigreur, sans bouderies... — Accepter le fait accompli ou ce qu'on ne peut éviter, est chose toute simple, quand on y songe : — « *Il le faut...* ».

L'attrait du caractère surpasse celui de la beauté et même du talent, — d'abord parce que ceux-ci sont fugaces, et ensuite parce qu'ils finissent par lasser... Le caractère agréable en ses variations, écarte au contraire la satiété; il atteste d'ailleurs une certaine intelligence, car seuls, les sots consentent à la faute énorme d'être agressifs, haineux, susceptibles, — insociables enfin. La sérénité, la douceur de l'âme se reflètent sur le visage, se traduisent dans le geste, la démarche, les inflexions de la voix. Le dédain, la rancune, la vanité, tous les sentiments durs, communiquent de la sécheresse à l'organe, aux mouvements, et particulièrement inscrivent en traits marqués, en rides précoces, leur maussaderie mauvaise sur le masque ingrat. — Une femme revêche ne sera jamais heureuse, si égoïstement qu'elle croie préparer son bonheur.

Si vous êtes bien douée, favorisée par la chance, n'en concevez pas de vanité. N'ayez aucun orgueil, pas même « celui de l'humilité » que Fénelon redoutait pour ses prêtres. Au fond nous n'avons jamais de mérite. Le peu que nous puissions nous en reconnaître, ne nous appartient pas. Lorsqu'il n'est pas « de naissance » et par conséquent indépendant de notre volonté, de nos efforts pour le conquérir, il doit encore rester modeste, car si nous l'avons acquis, c'est grâce à l'éducation qui nous fut donnée, aux influences de milieu, aux concours de circonstances, et peut-être même à des mauvais exemples qui nous furent une salutaire leçon. L'esclave ivre de l'antiquité demeure toujours un excellent moyen d'enseigner la tempérance.

Sachez parler, sachez vous taire.

Parler est bon, afin de distraire ceux qui vivent avec vous; mais taisez-vous lorsque vous n'avez rien à dire. Bavarder sans sujet cause une fatigue extrême à l'entourage.

Exercez-vous à garder de tout petits secrets, insignifiants, afin de vous assurer la puissance d'en garder de plus importants.

N'interrogez jamais personne sur ses affaires privées. Ceci constitue une indiscrétion parfaitement inutile; car on ne vous répondra que la vérité approximative ou déguisée, si l'on n'a pas le désir de vous faire des confidences.

*
* *

Soyez toujours très soignée dans votre tenue, sans toutefois marquer aucune prétention, celle-ci étant maladroite même à l'âge où elle peut sembler tolérable.

On a dit, et je suis de cet avis, que la culture de sa beauté est pour la femme un devoir social.

Malheureusement la femme se fait une singulière idée de la Beauté ! Elle en accepte le canon édicté par les Fournisseurs, variant chaque saison ses lois; suppliciant, déformant, ridiculisant et enlaidissant souvent bien plus qu'il n'embellit.

S'il est nécessaire jusqu'à un certain point de se soumettre à la Mode, afin de ne pas se singulariser, on doit résolument résister à ses caprices quand ils sont déraisonnables, outranciers.

Je pense sincèrement que la jeune fille ne saurait négliger le soin de sa personne, ni le goût dans ses ajustements, non seulement parce que « plaire » est une obligation de rang, d'état, de convenances familiales et mondaines ; mais aussi en prévision du mari futur. Pour cet inconnu, on se prépare déjà. Il faudra le charmer, flatter son amour-propre, éviter les comparaisons défavorables qu'il serait tenté de faire avec les femmes rivales, — dans son souvenir tout au moins.

La grande erreur des jeunes filles est de se persuader que pour soutenir cette comparaison, la coquetterie sinon effrenée, du moins très frivole, s'impose... — Pas le moins du monde ! Imiter n'est pas égaler ; c'est même presque généralement rester inférieur au modèle. — Tout au contraire, être *autre*, être *soi*, devient une supériorité infaillible. Le goût raffiné dans la simplicité, dans la distinction, convient à la femme comme il faut. Les recherches délicates, discrètes, lui appartiennent. — Peu à peu la « personnalité » se dégage ; le « charme » qui naît de l'intellectualité, apparaît et opère sur l'extérieur. C'est pour cela que la très jeune fille attache rarement avec force les hommes ; c'est aussi pourquoi celles qui se marient un peu tard, ayant déjà une certaine expérience, font des épouses attrayantes, et habiles à diriger (je n'ai pas dit *dominer*) leur mari.

Entre deux négligences, celle de la personne physique ou celle de la parure, je préférerais la seconde. Manquée, la toilette se remplace, et tout le dommage se borne à une dépense; tandis que la peau, les dents, les ongles, la chevelure, la structure générale, gâchés par l'insouciance ou l'ignorance, ne se réparent pas toujours.

Sauf dans la classe populaire, on ne rencontre aucune femme qui s'en tienne à la stricte propreté. Et sans crainte de nuire à leur fraicheur, les jeunes filles ont recours aux innocents produits du pharmacien : vaseline, glycérine, benjoin, amidon, menthol, poudre d'iris, que peuvent réclamer les différentes qualités de leurs épidermes. — Pourquoi aussi se priver d'eau chaude, et de quelque discret parfum ?

Seulement n'allez pas vous exagérer l'importance de votre physique et vous désoler pour des taches de rousseur, pour une mèche nuancée dans la masse de vos cheveux, pour quelques centimètres qui vous semblent de trop à votre tour de taille. Ne vous confectionnez pas un idéal de beauté d'après les vieilles formules et le critérium du syndicat des Fournisseurs déjà nommés qui ne savent quoi inventer pour « faire aller le commerce ». — Ce sont les artistes, les gens cultivés, qui aujourd'hui font loi. Ils proclament leur admiration pour la nature variable, infinie, toujours belle dans ses fantaisies : ils savent que la Vénus de Milo n'a pas une taille de guêpe et que les extrémités « nobles » sont plutôt un peu grandes ; ils apprécient la splendeur d'une chevelure ardente, et ne dédaignent pas l'inaltérable matité d'une peau brune.

A votre âge, chère petite, les artifices sont maladroits. Réservez-les pour le temps inévitable où ils seront très utiles, quand vous sentirez le besoin de secourir votre jeunesse défaillante. N'usez que très discrètement de l'ondulation, de la frisure... Votre éclat peut s'en passer. Plus tard, elles vous serviront à vous renouveler, en quelque sorte.

Laissez-moi vous dire, en passant, qu'il sera également fort habile de ne pas vous fatiguer par les veillées mondaines ; d'autant qu'à vous trop prodiguer, vous blaseriez vite les yeux qui vous admirent.

Développez en revanche, par des exercices esthétiques, si vous le pouvez, la souplesse et l'harmonie de votre corps. Recherchez sans maniérisme l'harmonie des mouvements, la démarche glissante... Fuyez la vulgarité, la voix criarde, les gestes brusques et anguleux, les ajustements prétentieux ou excentriques, les odeurs violentes. Tout ce qui fait « remarquer » est une note discordante.

Si vous n'êtes pas jolie, consolez-vous! A notre époque, il n'y a plus de laideur. A défaut de plastique, on se procure l'élégance, — sans folles dépenses, je me hâte de vous l'assurer. Et ce sont souvent les « laides » qui sont le plus aimées.

L'art suprême consiste à se bien connaître, à savoir tirer parti de soi-même ; à mettre du sien dans les moindres détails; à se créer son individualité. Ce n'est pas en se fardant, en se teignant, que l'on remédie à telle ou telle imperfection ; c'est en trouvant les couleurs complémentaires du teint, et la coiffure originale. On ne refait ni ses traits, ni sa charpente, ni les signes de sa race... On s'en arrange. Mieux vaut, si l'on a la poitrine plate, adopter des draperies flottantes que rembourrer son corsage. La mulâtresse sans blanc de perle, plaira, — et très solidement! à quelques-uns. Plâtrée, elle déplairait à tous.

Ce charme personnel, auquel on parvient avec un peu d'étude et beaucoup de naturel, a cet avantage immense d'être durable, sans concurrence puisqu'il est *unique*, — et très puissant, attendu que tous ceux qui le subissent s'y attachent justement parce qu'ils le préfèrent à tous les autres...

*
* *

Pas de beauté, sans la santé.

Ceci est un axiome de vérité courante.

Pour se bien porter, il faut encore se bien connaître.

Chacun a son tempérament, comme son caractère, ses aptitudes, et ses défauts.

Quand votre état général est bon, sachez pourquoi; — si vous ignorez les causes de son équilibre, vous le détruirez infailliblement. Quand vous n'êtes pas complètement bien portante, sacrifiez tout au raffermissement de votre santé, car il n'y a aucun avenir pour vous sans elle; et parce que surtout sachez que c'est le régime, le genre de vie intelligemment réglés, un peu devinés par votre instinct, qui vous réussiront plutôt que les médicaments.

Il n'y a pas de théorie infaillible. Intéressez-vous aux questions sanitaires. N'ayez le fétichisme d'aucun système; instruisez-vous en regardant autour de vous les malades, les phases de leurs maladies, leur fin ou leur guérison. Occupez-vous beaucoup des enfants dès leur naissance, afin de vous préserver de l'involontaire criminalité envers eux.

Persuadez-vous de la seule chose *vraie*, indiscutable en matière d'hygiène : — c'est que de l'alimentation et de l'élimination, dépendent le bon fonctionnement de la machine humaine, *à tous les âges et particulièrement chez le nouveau-né.*

Un appareil ne consomme pas indifféremment de l'huile, de l'essence, du gaz, du bois ou de la houille ; il ne marche qu'avec une espèce de combustible, et il a besoin d'être nettoyé sans cesse. — Nos voies digestives sont semblables à une machine : elles ne s'assimilent pas tout. Interrogez les gens les plus robustes, ceux qui « digèrent des pierres »... — ils vous diront cependant qu'il y a quelque chose qui ne leur « réussit pas... » S'ils persistaient à inscrire cette chose sur leurs menus, au bout de très peu de temps, ils seraient sérieusement malades.

Apportez beaucoup de bon sens et de réflexion à cette étude. Elle est de la plus haute importance en raison des responsabilités qui vous attendent. N'ayez ni la crainte exagérée des médicaments, ni la superstition des arrêts de la science. Il y a des modes médicales à l'usage des gens riches ; les gens moins riches ont tort de s'y conformer naïvement.

En ceci comme pour tout le reste, vous êtes encore à l'âge de l'éducation, et non pas à celui de l'action.

*
* *

Il est encore un sujet que je veux aborder en toute franchise : l'Argent.

Si les vieillards sont si souvent âpres et avares,

c'est qu'ils savent ce que vaut l'argent, et qu'ils se sentent dans l'incapacité d'en gagner s'ils venaient à perdre celui qu'ils ont La faiblesse de leur esprit usé par les ans, les fait tomber dans un sentiment vilain ; mais leur excuse réside dans la connaissance des réalités à l'égard desquelles peut-être on les avait trompés dans leur jeunesse.

On nous enseigne en effet un superbe mépris de l'or, et les religions nous prêchent l'amour de la pauvreté. — Il serait superflu de vous faire remarquer que si religieux et religieuses ont renoncé personnellement aux douceurs que procurent les richesses, ils excellent à obtenir des dons pour leurs œuvres, et nous prouvent ainsi que même le Bien ne se peut accomplir sans le vil métal.

Aimer l'argent est odieux. Cet amour conduit aux pires bassesses. — Mais ne pas nier l'indéniable, c'est-à-dire qu'*il est impossible de s'en passer*, devient chose raisonnable.

« L'argent qu'on possède est un instrument d'indépendance ; celui qu'on poursuit est un instrument de servitude », disait justement J.-J. Rousseau. — Barbey d'Aurevilly lui-même, l'aristocrate, le dédaigneux, reconnaissait que sans le repos d'esprit établi par la sécurité matérielle, il n'y avait pas de « pensée » possible.

Chacun doit donc viser à la possession du « nécessaire ».

Dès que vous en jouissez, vous vous sentez fier, indépendant... Le salaire que vous recevez, vous sera offert avec une sorte de considération, s'il est en quelque sorte superflu, — et non pas avidement attendu pour manger. Travailler en ce cas est une joie, presqu'un orgueil. On choisit son labeur, on échappe à certaines tyrannies devant lesquelles on est forcé de se courber quand on ne sait comment dîner le soir. Une des plus fières élégances consiste à ignorer les dettes, à pouvoir dédaigner le gain honteux, le calcul vénal... C'est parce que je suis indépendante, que je puis me permettre aujourd'hui d'écrire un livre indépendant, — celui-ci que vous lisez — un livre qu'aucun intérêt, aucun souci du gros tirage, aucune concession au goût du lecteur, ne gênent.

On acquiert cette liberté, — je dirai même cette colossale richesse, — en n'étant esclave d'aucun besoin, d'aucune vanité, d'aucun défaut rongeur de notre budget. — L'ordre et la prévoyance finissent presque toujours par nous assurer le revenu suffisant à la dignité de notre vie et de notre conscience.

Cette prévoyance, à votre âge, réside dans la sagesse de la conduite. N'obéissez jamais, surtout ! à des tentations de coup de tête ; n'abandonnez pas le foyer, port d'attache et de refuge ne gaspillez pas les ressources que vous possédez par chance ;... — regardez parmi les jeunes femmes qui ont cru pouvoir « voler de leurs propres ailes », dans quelles difficultés, dans quelles *impossibilités !* de gagner leur existence, elles se sont mises. — N'ayez jamais peur de la pauvreté, humble et décente ; mais redoutez la misère avilissante ! Quand on est réduit aux expédients, on est mûr pour toutes les hontes.

Je m'empresse de conclure en proclamant que l'argent superflu devient absolument négligeable. Il est doux d'apporter du désintéressement, de la générosité dans les dépenses, — réglées, calculées toutefois en proportion des ressources dont on dispose ; il est infiniment plus élégant d'être « large » que luxueux.

*
* *

Jusqu'ici nous n'avons pas envisagé la possibilité des peines qui n'épargnent pas même l'enfance.

Je serai brève sur ce point, car heureusement elles ne laissent guère de traces profondes dans les jeunes esprits ni les jeunes cœurs. La Nature le veut ainsi. Les consolations sont si proches, si puissantes, qu'elles opèrent vite le relèvement. La plupart des épreuves ne sont que des leçons plus ou moins dures ; on y gagne d'être plus instruit, plus solide, mieux « trempé ».

En général quand un malheur frappe une personne de votre âge il ne l'atteint pas seule.

Ayez donc du courage pour ceux qui vous entourent ; vous serez peut-être la « raison de vivre » de quelqu'un. Vos jeunes forces toutes neuves doivent avoir du « ressort ».

Une seule chose est un vrai chagrin : la mort d'un être aimé. Cette cruelle tristesse est dans les lois implacables de la création. Par soumission à la volonté divine, ou par philosophie, il faut *se résigner*. — N'augmentez pas la douloureuse amertume de vos deuils par des excès d'imagination, ni des exagérations extérieures de désespoir. Ne dites pas que vous ne vous consolerez jamais. On se relève toujours, après une période plus ou moins prolongée de souffrance aiguë. On reste parfois blessé, infirme de l'âme, mais impitoyablement vivant. — Lorsque l'exaltation ne vous pousse pas au suicide, ce qui est fort rare ! on accepte de vivre? — Donc, il faut « vivre » tout de suite, ne négliger aucun des devoirs de son état, ne pas s'enfermer, s'écarter des affections consolatrices, rester en un mot debout, ferme, comme le soldat au feu, parmi ses camarades tombés à ses côtés. Soyez sûre qu'une telle conduite serait approuvée par ceux que vous pleurez s'ils peuvent vous voir. Le courage n'est pas l'oubli.

Dans les crises morales, il arrive souvent que l'on agisse avec une spontanéité irréfléchie, que l'on prononce des vœux, des serments imprudents. — D'avance, interdisez-vous ces choses, peut-être par la suite difficilement réalisables. Rien n'empêche de tenir envers soi-même d'une façon durable certains engagements, sans les proclamer pour cela irrévocables. — N'exigez pas davantage des promesses d'autrui. On ne peut jurer fidélité à rien, ni à personne tant que l'on n'a pas acquis par l'âge des convictions tellement solides qu'on ose se dire *à peu près* sûr de leur immutabilité.

Ne vous drapez non plus dans une « attitude ». Celle de la vertu devient une « pose » un mensonge en action, tout comme un autre. — Que la simplicité, la franchise de vos actes montrent votre âme sincère, — ainsi que votre visage, sans fard. Si vous « pensez bien » vous n'avez pas besoin d'habiller d'apparences vos sentiments.

Prenez garde néanmoins que sous prétexte de franchise et de simplicité votre langage devienne brusque et blessant, votre tenue négligée, votre hardiesse peu décente!... Cette petite observation ne sera pas inutile à l'endroit des jeunes personnes disposées à porter tout aux extrêmes.

*
* *

J'aurais encore une foule de choses à dire,

sans arriver à l'épuisement de tous les sujets. On ne saurait prévoir tant de cas et de circonstances à l'égard desquels la raison et l'expérience auraient le droit de se faire entendre.

Je m'arrête donc, chère jeune fille, mais en vous renvoyant à la meilleure des écoles pratiques de la vie : à la lecture.

Lisez beaucoup; parce que si vous lisez peu, vous accepterez avec trop de crédulité les opinions de vos auteurs préférés. Vous seriez pareille au Monsieur qui ne parle que d'après « son » journal. — Songez que les journalistes et bon nombre d'écrivains, semblables aux avocats, plaident les causes les plus diverses avec une égale mauvaise foi professionnelle ou inconsciente. Il faut connaître le *pour* et le *contre* en toutes matières.

La mentalité féminine ne s'élève guère audessus du niveau des journaux de modes. Encore dirais-je qu'elle se révolte quand ceux-ci, dans un louable désir de réagir contre les préjugés, les ignorances de la clientèle, tentent un essai éducateur. — La Courriériste élégante peut en dire long sur la mesquinerie des préoccupations de la Française. A cette inconnue, la lectrice confie ses espoirs ou ses chagrins amoureux ; son désir fou d'être jolie ; sa foi dans les tireuses de cartes et les talismans ; ses susceptibilités mondaines pour une visite non rendue, et ses terribles incertitudes au sujet de l'importance de la « droite » en voiture... — Ce serait d'une attendrissante naïveté, si ce n'était profondément attristant. Voilà donc les mères actuelles ou futures!...

Les réponses ponctuelles, émanent de la signataire des articles (neuf fois sur dix annoblie par un pseudonyme) ; il arrive que ce beau nom masque un vieux courtier de publicité, ou une brillante dame qui n'opère pas elle-même, ayant bien d'autres soins que celui des abonnées! En ce cas les secrétaires suffisent pour l'exploitation méritée de la niaiserie féminine.

Lisez! lisez, jeune fille, *tout*, excepté l'affreuse production bassement pornographique, sottement feuilletonnesque, dont on inonde la voie publique. — Rien de ce qui est « bien écrit » par des auteurs de mérite ne sera inutile. Les œuvres légères, spirituelles, donneront de la finesse à votre intelligence, de la souplesse à votre conversation Les ouvrages de vulgarisation vous révéleront qu'il est tout aussi intéressant de cultiver la pomme de terre que de chercher la formule du diamant fabriqué. La guerre, la marine, les colonies n'ont pas de raisons pour vous demeurer étrangères. Lorsque la femme qui a su se composer une toilette de goût sait écouter un ami voyageur, inventeur, ou savant, elle est à point intellectuellement; elle est ouverte à touts les compréhensions; elle sait participer aux intérêts de tous; elle possède les fameuses « clartés » générales, suffisantes pour qu'elle soit aimable auditrice toujours.

Je ne redoute nullement, enfin, le roman moderne, par lequel les maîtres du genre peignent et jugent l'humanité, les mœurs, de notre temps. Par lui, sans quitter votre maison, sans vous exposer aucunement, vous saurez ce que sont les misères du travail, les déboires des artistes, les déceptions des grands amours, les risques de l'ambition, et de la spéculation... Si Zola vous tombe sous la main, je n'en frémirai pas. Un illustre dominicain affirma jadis qu'il était bien moins immoral que George Sand et moins dangereux que Bernardin de Saint-Pierre. — Cette assertion devient l'évidence même pour quiconque n'écoute pas les idées toutes moulées des gens de parti : George Sand, terriblement romanesque, et Bernardin de Saint-Pierre, puérilement sentimental, opèrent sur les jeunes cervelles d'une façon également pernicieuse. — Zola, avec des mots dont il aurait pu se dispenser certes souvent! met en scène le Vice - que vous êtes censée ignorer, que vous n'ignorerez en tout cas pas éternellement. — Mais la crudité même de son verbe aide à vous dégoûter du mal. Ce n'est pas si méchante besogne. Vous en verrez bien d'autres au cours de votre existence! N'en vaut-il pas mieux être avertie, prémunie, au seuil de votre majorité?

DE VINGT-ET-UN A TRENTE ANS

Devenue majeure, la demoiselle se trouve en présence réelle de la vie, puisqu'elle entre en puissance de ses droits, et par cela assume des responsabilités.

Je lui conseille de ne pas user trop promptement et sans réflexions des pouvoirs que la Loi lui confère. — Maîtresse d'elle-même et des biens qu'elle peut posséder, elle s'expose ou à commettre des erreurs, ou à faire exploiter son inexpérience par des malins. Si intelligente et instruite qu'elle puisse se croire, elle a encore besoin de direction.

Entre parenthèse, et quitte à offenser les enragés féministes, j'oserai dire que cette direction sera certainement préférable, si elle est masculine. — Mes observations me portent vers cette certitude qu'à toutes les époques de sa vie, la femme se trouve bien d'une influence mâle. Sans celle-ci, rarement elle sait parfaitement se conduire. Ses qualités mêmes l'égarent. — Elle a l'enthousiasme et la confiance trop faciles; elle s'abandonne sans résistance à ses impressions, à ses sympathies, à son désir d'être secourable et généreuse. Loin de ma pensée l'idée de la rendre égoïste et froide!... Mais enfin les grands philanthropes et les Saints eux-mêmes ont reconnu que rien n'est moins aisé que d'exercer la bienfaisance... De plus, par défaut de connaissances générales, non seulement l'isolée, mais plusieurs femmes ensemble : mère et fille, sœurs, amies, fussent-elles d'âge mûr, ou veuves, sont presque toujours ou trop timorées ou trop hardies. La protection de l'homme fait contrepoids aux vues écourtées, à la spontanéité de la femme. Que celle-ci ne s'affranchisse donc pour ainsi dire jamais de la tutelle morale dont elle appréciera la valeur. Si sa proche parenté ne la lui offre pas, ce qui est rare, elle la rencontrera certainement ailleurs, dans le cas où son isolement et sa conduite respectable inspireraient un intérêt sincère.

La jeune fille presque toujours désire le mariage, et parfois même y pense ardemment. Les mœurs, la nature et les lois l'y autorisent. Le Code lui accorde même le pouvoir de se marier, quand elle est majeure, sans demander la permission familiale.

Il faut avouer que les pères ou mères ont souvent abusé du droit et de l'autorité morale qu'ils possèdent pour contrarier les desseins matrimoniaux des jeunes gens. Souvent ils ont eu tort; parfois ils ont raison. — Mais dans tous les cas, je reconnais aux principaux intéressés la légitime permission d'élire qui leur plaît, pour compagnon de leur vie.

Cependant, la jeune fille, plus encore que le garçon, doit apporter à son affranchissement — ou à sa résistance, si l'on prétend lui imposer un mari — tout le calme, la raison et le respect compatibles avec l'énergie.

Mieux vaut encore désobéir à ses parents que de se tuer, comme le font de temps à autre de pauvres petites exaltées ou naïves. Aimer n'est pas un crime; cela peut être une faute, une erreur... Mais cela ne demande jamais expiation..

Néanmoins, je conseille vivement aux jeunes filles de différer assez longuement toute résolution décisive, lorsqu'elles se trouvent en opposition avec leurs familles.

Celle-ci n'a pas nécessairement tort... Elle voit avec la sagesse de l'expérience le danger d'une union sans sécurité. Mais il lui arrive de se tromper, en croyant rendre son enfant

« heureuse » et en ne voulant pas s'apercevoir que cette enfant est avide de souffrir peut-être? — mais de vivre.

Jusqu'à ce que l'évolution féministe ait totalement modifié la société, le meilleur état pour la femme est le mariage. En s'alliant à un homme honorable, celle-ci acquiert des avantages : nom, relation, alliances, influences, qui viennent doubler son propre apport.

Affligée, veuve, avec ou sans enfants, elle sera plus entourée, plus considérée que la célibataire Les épreuves mêmes qu'elle aura pu subir, lui confèrent une dignité, lui valent un respect qu'on ne croit pas obligatoire envers celles qui se sont affranchies des sacrifices exigés d'une épouse.

— « Mais... », direz-vous très justement ; « il y a des masses de demoiselles qui n'auraient pas demandé mieux que d'accepter tous les devoirs imaginables... Il ne leur a manqué que l'époux ».

D'accord... Reste à savoir si elles ne l'ont pas dédaigné ou repoussé ?... ou si leurs parents n'ont pas été la cause volontaire ou maladroite de leur célibat?

Il n'y a pas mal d'indépendantes, rebelles aux contraintes du mariage, même partagé avec un très débonnaire conjoint. Quelques-unes aussi éprouvent une répugnance physique assez rare mais sincère, pour l'étroitesse des rapports conjugaux. Presque toujours ces indépendantes ont une certaine aisance pécuniaire, ou des goûts exigeant, pour se satisfaire, une complète liberté. Heureuses et louables sont celles qui placent dans leur vie la joie d'une spéculation très élevée : religion, art, charité, dévouement à un être ou à une idée quelconque.

Tout en affirmant que la condition d'épouse est la plus normale pour la Femme, je pense que si les circonstances la privent de cet état préférable, elle peut s'en consoler. Je ne sais plus quel philosophe a dit que « s'il y a beaucoup de bons ménages, il n'y en a pas de délicieux » ??

En effet, on n'élève pas des enfants, on n'est pas la compagne et l'associée d'un homme, sans risquer sa santé, sa fortune, son repos... sans passer par des angoisses, des tristesses..., sans sacrifier les fantaisies, les envies, les goûts, les sympathies qui constituent les agréments de l'existence plus encore! parfois. — S'il en est ainsi quand on est bien assortis et « heureux », qu'est-ce lorsque le ménage est « un enfer »... ?

Et puis, en ce moment nous ne nous occupons que des demoiselles qui n'ont pas encore franchi la trentaine. La coiffe de sainte Catherine est encore très coquette sur leurs chevelures abondantes... N'anticipons pas sur l'avenir.

Avant d'abandonner la célibataire, effleurons, sans nous y arrêter, la catégorie dont nous n'avons pas grand chose à dire : l'artiste et la... pseudo-artiste.

Pourvu qu'elles « se tiennent bien », le monde a pour elles infiniment d'indulgence. Je crois que les « rédempteurs » ont tort de leur demander trop d'austère vertu et d'excessifs repentirs. Il suffit qu'on en obtienne de la décence, de l'ordre et une relative sagesse.

Pourtant, il en est qui se marient et deviennent d'excellentes épouses. Les heures difficiles qu'elles ont connues, les déceptions éprouvées, le besoin d'estime et de considération, préparent souvent mieux qu'on ne le suppose à la régularité d'une existence parfois obscure et recluse. La jeune fille « bien élevée » qui se marie en aspirant à « tout lire », à fréquenter les théâtres grivois et à s'habiller sans modestie, est autrement inquiétante !... Certaines « naïves » deviennent terribles, une fois déniaisées !...

En somme le mariage apparaît plus effrayant pour l'homme que pour la femme... ?? — Cette dernière, lorsqu'elle se donne la peine de s'informer du passé d'un prétendant, sait toujours ce qu'il a été. On ne trompe guère que les imprudentes... — La jeune fille, au contraire, est une énigme... On ne peut jamais savoir ce qu'il en sortira.

Examinons encore un point délicat sur lequel je ne me trouve pas d'accord avec la majorité du public.

Quand la jeune fille a réussi à cacher aux yeux de tous une faute, est-il sage d'en faire l'aveu à celui qui propose le mariage?

La foule répond : « Non... » — Des confesseurs eux-mêmes ont souvent conseillé le silence... Les hommes préfèrent « ignorer »... ils en conviennent.

Eh bien, moi je pense qu'il faut les forcer à « savoir... » Je me fais une idée trop haute du mariage pour admettre la possibilité d'un secret entre deux époux. Je considère que le « couple », les deux fractions réunies constituent l'Unité, l'Etre-Humain *complet*. — Donc la confiance, la compréhension, la foi doivent être mutuelles, fondues, unifiées.. sans quoi il n'y a pas « union » : il y a seulement un pacte de vie en commun, plus ou moins tyrannique.

Pour peu que la jeune fille entrevoie un obstacle de principe à son mariage, elle sera prudente en acceptant résolument le célibat. Ce sera peut-être *la meilleure chance* d'y échapper? — car, en matière d'épouseur, c'est quand on cherche qu'on ne trouve pas.

Puisque généralement l'absence de dot écarte les prétendants, la jeune personne dépourvue de fortune se créera une situation par le travail.

Les préjugés de caste, de rang ne l'arrêteront pas. Elle devra à l'exercice d'une profession quelconque, une activité, un développement intellectuel, une liberté relative encore plus appréciables que le côté lucratif — qui ne semble cependant jamais à dédaigner.

Et alors il se pourrait que parmi les relations qu'elle se fera, qui ne seraient pas venues la dénicher dans les jupes de sa maman, elle rencontre le mari qu'elle n'espérait point.

C'est pourquoi, lorsque je me suis déclarée partisante de la culture ménagère, c'était surtout à l'époque où la petite fille, l'adolescente avait le loisir de s'y adonner. A l'âge adulte, le ménage doit passer à l'arrière-plan. — Une femme ne se tire pas d'affaire avec un peu de cuisine et de couture, à moins qu'elle accepte d'entrer en service. Il lui faut une profession. Puis, à côté de cette profession, de l'ordre et de la prévoyance. Elle se nourrira et se vêtira toujours à l'aide d'un salaire quelconque ; tandis qu'elle aura beau savoir confectionner ses robes et préparer son diner, elle restera en fâcheuse posture s'il lui manque l'argent pour acheter l'étoffe et le pot-au-feu ? ?...

Si son destin est de ne point se marier, de vivre dans une situation médiocre, elle échappe par le travail à l'isolement, à l'ennui. Quand un mariage se présente, c'est souvent parce qu'un homme comprend qu'elle ne sera pas une charge.

Je conseille même, si l'époux est en situation aisée, capable de rendre sa femme à l'existence exclusivement familiale, — de ne pas quitter trop légèrement la position qu'elle a pu se faire, car il serait difficile de la reconstituer peut-être, si après quelques mois d'interruption on y voulait revenir.

Lorsqu'une occasion de mariage se présente avec un homme sympathique et honnête, je crois qu'il ne la faut pas repousser. Trop de réflexion, d'hésitations, de craintes, de calculs serait superflu. Un peu d'abandon au destin s'impose, car il est certain que toutes les apparences favorables ou contraire, ne détermineront jamais un jugement sûr à l'égard du prétendant. Il est prouvé que les longues fiançailles, que les camaraderies d'enfance elles-mêmes ne révèlent pas l'un à l'autre deux promis. — Seuls quelques mois, quelques années parfois d'intimité conjugale, vous font voir mutuellement ce que vous êtes... Et encore... y a-t-il des gens qui ne se comprennent jamais!!...

Le consentement, je l'ai déjà dit, ne reculera résolument que devant l'indignité, l'alcoolisme, et la mauvaise santé transmissible, — trois choses qui détruisent l'honneur et la sécurité du foyer. L'amour dévoué saurait à la rigueur passer outre; mais la mère éventuelle n'a pas le droit de sacrifier ceux qui ont à naître, qui ne demandent pas à entrer dans ce monde, et qu'elle y appellera.

Il me reste à recommander aux femmes la charitable réserve envers les hommes qu'elles pouvaient troubler par des coquetteries ou une trop tendre amitié. Elles sauront ne pas encourager des espérances qu'il y aurait cruauté à laisser grandir pour les anéantir brutalement à un moment donné.

L'homme intelligent mais peu brillant est presque toujours un excellent mari Je n'ai pas besoin de dire que le contraire est non moins vrai.

Les hautes classes sont peu productrices de vraiment bons ménages. — Plaignons les jeunes filles qui devront tâcher de s'y créer un doux foyer.

Une fois mariée, par inclination ou par raison, la jeune femme fera l'impossible pour rester avec son mari.

Question religieuse à part, elle ne saurait divorcer sans dommage. Cette solution légale n'a pu se faire admettre par la société, laquelle préfère l'inconduite de l'épouse, et même l'adultère effronté, à la rupture loyale entre deux conjoints qui se détestent, et à l'honnête remariage.

Je méprise cette morale. Quand le mari est positivement indigne, il serait lâche de rester sous son joug. On doit être prête à s'en délivrer, et il est bon *qu'il le sache*...

Mais pour l'honnête femme *le divorce n'existe pas* tant qu'elle n'est pas condamnée à y recourir pour la protection de ses enfants, ou pour échapper à la presque complicité de l'infamie du mari.

*
* *

Voici donc notre jeune fille mariée, apportant un cœur tout neuf à un homme probablement digne d'elle.

La « lune de miel » du nouveau couple va durer jusqu'au premier berceau.

Pendant une période plus ou moins prolongée, j'approuve l'autorité un peu vigoureuse du mari, surtout en ce qui concerne la conduite mondaine de la petite madame.

L'innocence même de cette dernière est un péril, en ce sens que sa naïveté s'expose à des inconséquences, à des maladresses dont il convient de la préserver.

Cette autorité, très tendre d'ailleurs, se relâchera au fur et à mesure que la sagesse et la prudence de la jeune femme auront fait leurs preuves.

La direction, peut-être légèrement dominatrice de l'époux, n'amoindrit nullement celle qui, dans des conditions raisonnables, s'y soumet... C'est pour la nouvelle maîtresse de maison, la future maman, une école préparatoire à l'exercice du commandement. On n'applique bien la discipline qu'après en avoir compris l'utilité en la subissant.

Je vois d'ici la moue de la plupart de mes lectrices... Ce qu'elles doivent me trouver « vieux jeu »!!...

Pas du tout... Je suis au contraire très moderne... — Et je vais démasquer mes batteries :

Le mari sentira parfaitement que sa jeune compagne n'est ni une sotte ni une peureuse, mais l'alliée franche, confiante, incapable de ruses, de sbterfuges, de malignités, de cachotteries, de ces petites perfidies que dénoncent avec joie les anti-féministes. C'est aussi la créature fine et fière, décidée à se faire estimer, respecter, et capable de se défendre devant la brutale oppression. — Soumise avec dignité, oui. Esclave domptée, jamais!

Il est entendu que de part et d'autre dans le ménage, on « met du sien ». — Au fond, la femme prend toujours la plus large part de concessions nécessaires, car, sauf exception, elle est l'auxiliaire du chef de la famille ; ses goûts, ses désirs, et même ses besoins lorsqu'ils n'ont qu'une importance secondaire, seront satisfaits après ceux du mari, lesquels sont généralement plus justifiés, plus impérieux, en raison des exigences professionnelles.

L'oisif mérite moins de ces petits sacrifices. Cependant, s'il ne se montre pas trop despote, je conseille encore à son épouse l'habileté de le satisfaire, — car, c'est ici que va se dévoiler mon astuce! Par cela, elle se prépare, en cas de lutte possible, une arme de défense extrêmement puissante : la possibilité de dire à un coupable, dans l'intimité ou en face de la Loi : « Je vous défie de me reprocher quoi que ce soit, même dans les moindres détails. » J'ajoute que la condescendance de « l'associée » et son dévouement ne seront jamais poussés au point qu'elle en devienne dupe. L'intérêt même de son foyer lui ordonne de garder la mesure dans la vertu.

Pour que nulle part le mari ne se trouve mieux que chez lui, il est élémentaire de lui créer un intérieur agréable, paisible et gai, organisé en vue de ses convenances.

La plupart des femmes le savent, et mettent leur amour-propre à y réussir.

Seulement le succès ne répond pas toujours à leur effort, justement parce que l'excès de zèle est toujours une faute.

Oui, la maison est le royaume de la Femme et sa juste gloire, car son importance est capitale. L'homme d'action, le fonctionnaire en province, tous ceux qui ont besoin, selon leur position, de calme ou de vie représentative, de repos ou de réceptions, apprécient hautement la valeur d'une épouse entendue.

Malheureusement ce sont souvent les jeunes filles dressées par leur mère à être « femmes de ménage » qui deviennent les plus détestables maîtresses de maison.

Hormis dans les demeures très modestes, où il est nécessaire de « mettre la main à la pâte », savoir faire travailler son personnel importe beaucoup plus que de travailler soi-même. L'administration et la direction, voilà le lot de la bourgeoisie plus ou moins riche.

L'administration implique la parfaite répartition des ressources du budget. — Les théoriciens qui ont essayé d'établir des règles, notamment de fixer le taux du loyer proportionnellement à celui du revenu, n'ont rien réglé de bon. Chaque famille a des besoins différents. Ce qui importe, c'est de diminuer autant que possible les lourdes charges fixes, et de savoir calculer l'imprévu.

Prenons par exemple ce loyer, justement, qui est en tête des frais généraux. — Vous aurez avantage à ce qu'il soit le moins cher possible pour que les contributions, les étrennes au concierge et mille petits détails ne s'augmentent pas relativement à son taux. — Si l'appartement est modeste, vous êtes moins porté à recevoir, à vous laisser entraîner.

N'alléguez pas la nécessité de « paraître »... On commence à revenir des « apparences ». — La « poudre aux yeux » n'aveugle plus personne. Et elle a l'inconvénient très grave ou de vous forcer à de folles dépenses, ou de vous faire traiter de « pingre » lorsque vous lésinez d'une façon non en rapport avec la richesse que vous affichez.

Mais, à mon avis, il y a mauvaise compréhension des intérêts du ménage, lorsqu'en demeurant trop loin on ne fait pas la part des frais de transport, du temps perdu, de la fatigue, du repas pris obligatoirement hors de la maison, etc., etc... — Toutes les économies ne sont pas bonnes ; il en existe de vraiment mauvaises.

Les constructeurs de budget oublient aussi cet « imprévu » qui compte pour bien plus qu'on ne l'imagine dans le ménage ! Quand on a inscrit des chiffres pour le logement, la nourriture, le chauffage, l'éclairage, l'entretien, et qu'on a même fait la part des « dépenses diverses », on est encore au-dessous des prévisions raisonnables. On ne songe pas à l'usure du mobilier, aux dépenses de poste, aux maladies et accidents possibles, aux « cadeaux » inévitables même pour les plus petites bourses.... Je ne mentionne pas la charité dont cependant nul ne peut se dispenser lorsqu'on ne tend pas la main soi-même, — et l'épargne.

Quand la femme est entendue en ces matières, et que le mari au contraire s'en montre mal instruit, il faut obliger celui-ci, soit à voir les comptes, soit à payer en personne les factures.

A la première discussion sur les dépenses, la maîtresse de maison, comme un ministre, donne sa démission. — Et monsieur, obligé de

« tenir la queue de la poêle », apprend bien vite le prix du beurre. Alors, comme un simple Parlement, à son tour il supplie le gouvernement de rester aux affaires.

Supposons notre budget bien équilibré, et passons à la direction de l'intérieur.

Avant tout il faut de bons serviteurs. On a ceux qu'on mérite. Il y en a encore d'excellents, quoiqu'en disent ceux qui ne savent ni les choisir ni les commander.

On doit prendre des serviteurs « connus »..., connus par des domestiques en place, des fournisseurs, des personnes capables non pas de répondre de leur moralité, mais d'assurer qu'ils offrent des garanties sérieuses. — Les certificats et les renseignements donnés par les maîtres anciens, ne signifient absolument rien. Les susdits maîtres ont toutes sortes de raisons, inutiles à énumérer, pour n'être pas véridiques.

Quand on engage un domestique, on lui déclare les points les plus importants du travail qui lui incombera ; ceux sur lesquels il est impossible de céder. Quand on le croit capable de remplir la place, on l'essaie. S'il n'a pas les talents nécessaires, on le voit tout de suite, et on le renvoie. Mais si on a pu le garder huit jours, on peut le garder huit ans ! — Les serviteurs ne peuvent être parfaits. Conséquemment il n'est possible d'exiger d'eux qu'une somme de qualités agrémentée d'un certain nombre de défauts.

Or, ici, c'est un peu comme pour le mariage : il faut examiner si l'on peut supporter les imperfections de celui ou celle qui va vivre dans votre intimité. Si l'accord est possible, évitez le changement; il est désagréable, toujours coûteux ; — et, de plus, s'il se produit sans cause valable, il procure à la m .ison une fâcheuse réputation qui en éloigne tous les domestiques sérieux.

Quand vous avez un service un peu difficile ou présentant des ennuis particuliers, sachez payer. — Je ne prétends pas couvrir d'or les serviteurs ; ce serait un détestable principe dont souffriraient injustement les patrons modestes; mais j'entends qu'on rémunère convenablement, justement, ceux qui servent ; et qu'on aille même jusqu'à la générosité compatible avec les ressources dont on dispose.

Soyez persuadé que le personnel est plus perspicace qu'on ne le suppose. Il ne demandera pas ce que vous n'avez pas ; et il vous restera attaché même dans la médiocrité si vos procédés sont bons. Il tient autant que vous, lorsqu'il est comme il faut, à ne pas « changer » ; mais il vous quitte dès qu'il le peut quand il ne vous estime pas. Or on ne peut estimer la femme « qui met tout sur son dos » et qui « chipote pour deux sous ». — Si vos ressources vous obligent à mal payer un domestique mâle, contentez-vous d'une femme de chambre à qui vous donnerez les gages nécessaires, une saine nourriture et un bon coucher. Si vous ne pouvez avoir une bonne, ayez une femme de ménage... Mais qui vous sert doit être satisfait de vous servir.

Quand on a plusieurs domestiques, il est souvent assez difficultueux de faire régner l'accord entre eux. On doit particulièrement être en garde contre les racontars. Une irréprochable justice doit régner envers tous. Quelquefois donner au plus ancien, au plus capable, la haute main sur les autres, est une habileté. On aurait tort de se défier de ceux présentés par les serviteurs que l'on a, car ces derniers savent ce qui convient à la maison, et font tous leurs efforts pour que « ça marche ».

Rien n'est plus onéreux qu'un serviteur incapable.

Il ne faut pas permettre le désordre ni le gaspillage, — qui du reste ne profite généralement à personne. Toutefois il faut « fermer les yeux » sur certaines dépenses, notamment sur celles de la cuisine. Vouloir « éplucher le livre » est une erreur. Cette sorte de suspicion irrite la cuisinière, presque toujours un peu susceptible. Elle sort par tous les temps, elle est au feu par toutes les températures, elle souffre fréquemment de varices... Ceci lui confère le droit à quelqu'indulgence. Compter le nombre d'œufs qu'elle a employés dans sa journée l'exaspère, ainsi que les réflexions sur le cours de la volaille... — Dites-lui plutôt :

— « Je puis dépenser *tant* par mois pour ma cuisine ; il faut, vous le savez, que je nourrisse *tant* de personnes, et de telle et telle manière. Comme il m'est impossible de dépenser plus, je compte sur votre intelligence pour arranger les choses au mieux. »

Si vous allouez la somme convenable, soyez sûre que vous mangerez bien et que vous aurez la tranquillité. — Il ne s'agit pas du forfait que l'on établit quelquefois dans de lourdes maisons, mais d'une entente cordiale et confiante entre la maîtresse et la domestique. Cette dernière présente son livre, dont on feint de ne pas examiner le détail, pourvu que la moyenne des journées reste celle prévue.

On a remarqué combien les gens célèbres, les artistes, ont de chance avec la domesticité. C'est tout simplement parce que les personnes occupées ne tracassent pas leurs domestiques et les traitent un peu en « collaborateurs ». Ils leur laissent des initiatives, des responsabilités flatteuses. Le serviteur est un peu « fier » de son maître. De ce que celui-ci travaille, il résulte aussi une sorte d'exemple salutaire. On fera pour qui a une tâche à remplir ce qu'on ne fait pas pour une madame incapable « de ramasser son mouchoir ».

La maîtresse du logis doit, par son exemple, inspirer un certain respect. Si elle se permet de déjeuner au lit, de se lever tard, cela ne doit pas être sans une excuse valable.

Les ordres, sans l'ombre de despotisme, seront donnés clairement, avec une sage prévoyance de ce qui peut en résulter, et un esprit constant de simplification. Tout le repos et le plaisir conciliables avec le travail sera non pas seulement accordé, mais offert au personnel. Jamais un mot ni un geste n'humiliera le subalterne. — Les critiques seront polies, presque discrètes ; les louanges au contraire encourageront ou récompenseront le zèle.

Je voudrais que la bonté envers les serviteurs fût sincère. Beaucoup de maîtres, — surtout de maîtresses !!!... — les rétribuent bien, les font soigner en cas de maladie, se montrent irréprochables... — et ils se plaignent d'avoir l'ingratitude pour remerciement !... C'est parce qu'au fond ils « n'aiment pas » les domestiques. Ils se conduisent avec justice à l'égard de ceux-ci par respect du devoir, mais non avec la « charité » évangélique nécessaire. La Foi n'est rien sans les œuvres... ; les œuvres ne sont rien sans l'amour.

La compassion parfois affectueuse que l'on éprouve pour ceux qui vous servent n'entraîne ni la familiarité ni la faiblesse. Au contraire, l'autorité ferme, un peu froide et résolue, se fait respecter.

On ne doit pas grogner ni crier, — et encore moins menacer en vain. Quand on congédie un serviteur, c'est définitivement, irréductiblement, et sans espoir pour lui de revenir dans la place qu'il n'a pas su garder. — On ne doit pas lui permettre de dire pour un oui ou un non :

« J'aime mieux m'en aller »... Si on ne tient pas à lui, on le prend au mot : cela sert d'exemple aux autres. Si on doit un peu d'indulgence à un mouvement d'emportement, on donne au coupable quelques heures pour réfléchir avant de renouveler sa... démission. Et si, après conciliation, cette petite comédie devait recommencer, on y mettrait un terme définitif. — Du côté de celui qui emploie, comme du côté de l'employé, on se doit de mutuels égards. Le jour où l'on s'est « manqué », la séparation s'impose.

La vraie maîtresse d'intérieur prouve son ordre et son esprit d'organisation en toutes circonstances. Elle occupe intelligemment ses heures ; ne bouscule jamais rien ni personne ; agit d'autant plus posément qu'on est pressé ; ne remet pas à plus tard ce qu'on peut faire à l'instant ; se trouve toujours légèrement en avance pour tous ses devoirs.

Elle n'a non plus de contestation aucune avec personne, parce qu'elle ignore les achats à crédit, les dettes, les bas marchandages... Elle va chez des fournisseurs à portée de sa bourse, dit ce qu'elle peut dépenser, et s'en rapporte à eux. — Le commerce a évolué, il se fait plus largement qu'autrefois, et d'une manière très loyale. Le marchand ne cherche plus à écouler ses « rossignols ». — Le système du prix-fixe d'une part, et le besoin de s'attacher la clientèle en se montrant digne de confiance, sont les deux usages adoptés par les maisons honorables ; soyez-leur fidèle ; vous y trouverez considération, complaisance et avantages.

Si vous rencontrez par hasard la mauvaise foi, transigez sauf le cas où les exigences seraient trop excessives. Ne perdez pas votre temps, votre argent et votre tranquillité en défense devant les tribunaux, fût-ce même le plus pacifique de tous : le tribunal du juge de paix. — Dans notre beau pays la Justice coûte plus qu'elle ne vaut. — Seulement profitez de la leçon, qui est vraiment instructive, elle !

*
* *

La femme doit faire honneur à son mari, par son charme, son élégance, ses attraits de toutes sortes.

Les compliments qu'il en reçoit ou qu'il en entend faire la lui rendent précieuse.

On tient surtout aux biens que l'on redoute de perdre. Il n'est pas mauvais qu'il la sache désirable... autant qu'honnête, bien entendu. Elle ne lui deviendra jamais indifférente s'il craint que des consolateurs soient prêts à lui faire prendre aisément l'abandon.

Naturellement il faut à la jeune femme infiniment de tact pour être charmante sans verser dans la coquetterie malsaine, — que j'ai en horreur, parce qu'elle est offensante pour le mari et coupable envers celui à l'égard de qui elle s'exerce. Au fond, c'est le fait des âmes vulgaires.

Physiquement la femme saura tirer parti de soi-même, et dissimuler aussi adroitement que possible ses imperfections. La jeunesse est déjà une beauté, mais parfois l'inexpérience empêche sa mise en valeur. Si avant le mariage on n'a pas été accoutumé à certaines recherches d'élégance et de goût, il faut pendant quelque temps aller à l'école des bons faiseurs. L'apprentissage vaut d'être acquis. C'est un « Cours de Développement et de Conservation » nécessaire. Il sera bon même de ne jamais le déserter complètement.

On n'a besoin ni d'une toilette riche, ni de beaucoup de vêtements pour être bien mise. La simplicité très soignée, telle est la note juste.

Tout en reculant le plus possible l'emploi des artifices, on aurait tort de négliger l'hygiène de la Beauté. Mieux vaut se préserver des rides que d'avoir à les effacer. Chaque complexion a ses besoins comme chaque tempérament a les siens.

La mondaine et l'artiste riches ont recours à des spécialistes, dont évidemment les procédés ont du bon. Néanmoins, chez eux comme chez la grande couturière, il faut prendre garde de se laisser entraîner. — Le miracle n'existe pas... Il est par conséquent un peu naïf d'en payer l'espoir ou l'illusion... trop cher.

On a remarqué l'augmentation des recettes

chez les marchands de « Produits Esthétiques », dans les premiers jours de chaque mois et au début de l'année. C'est que les « petites bourses » dépensent une partie de leurs appointements et des étrennes reçues, en achat de cosmétiques pompeusement annoncés. — Quand on possède de l'argent mignon, il n'y a pas de mal; où l'erreur commence, c'est si l'on se prive d'une paire de bottines bien faites, pour acquérir une pâte quelconque que deux sous de cold-cream pris chez le pharmacien remplaceraient sans désavantage considérable. Il y a des luxes très compréhensibles, qui cependant ne constituent pas des indispensabilités. — Voilà tout ce que j'ai voulu dire.

La santé, grand principe de Beauté, source de toutes les satisfactions rationnelles de la vie, préoccupe trop ou trop peu, et souvent mal, nos contemporains.

Jamais on n'a tant parlé médecine que de nos jours... Mais avec quelle ignorance et quelle crédulité !...

Les riches sont la proie des grands pontifes de la science; — les autres sont les dupes de l'annonce et du charlatanisme.

Il est certes malsain de penser constamment à son état physique, de trop « s'écouter », d'être craintif et douillet. — Il n'est pas meilleur de n'y penser jamais, ou d'abuser de ses organes, de les surmener. L'ascétisme n'est même pas compatible avec l'esprit religieux de mortifications. Les Ordres enseignants et infirmiers accordent des repos ordonnés ; et les prédicateurs jouissent de diverses dispenses de nourriture ; ils ne se privent pas d'un petit verre de Vin Mariani, tonique de leur organe.

La lecture, l'observation, la comparaison des systèmes, de leurs résultats, et des « cas » conduisent vite au bon sens nécessaire en matière d'hygiène.

Evidemment, par exemple, il est salutaire de boire une bonne eau ; mais il est encore bien meilleur d'avoir les voies digestives vaillantes, — car alors elles défient tous les breuvages. — La fièvre typhoïde n'anéantit jamais toute une population ; elle n'abat qu'un nombre plus ou moins considérable de victimes. Pourquoi épargne-t-elle les autres? Tout simplement parce que ces « autres » ne sont pas en état de réceptibilité de ses microbes. Leur sobriété, le parfait équilibre de leur organisme leur procurent l'immunité.

Voici encore un nourrisson qui pleure et maigrit au point que son petit visage plombé est sillonné de rides, comme celui d'un centenaire. — « Il a faim »... s'écrie une commère. Aussitôt on le gave de bouillie, de farines, sans crainte d'aller, dans le peuple, jusqu'à la goutte de vin... Il ne s'en porte que plus mal jusqu'au moment où le médecin consulté ordonne du lait cuit ou coupé, ou du bouillon de légumes léger, pas autre chose !... et encore en quantité rigoureusement limitée.

La commère et le docteur visent au même but, seulement avec des méthodes différentes. La première tue l'enfant en le bourrant d'une nourriture qu'il ne s'assimile pas ; le second le sauvera par une alimentation extrêmement légère et modérée, mais digérable. — Voilà le genre de savoir, intelligent, qu'il importe à la jeune femme, à la future maman de posséder le plus promptement qu'il dépendra d'elle.

La sagesse lui conseillera, alors, d'accorder le temps suffisant à ses relevailles, de s'épargner les inutiles fatigues, — et de ne pas laisser faire aux personnes de son entourage rien de ce qui leur est vraiment nuisible.

*
* *

Vénus elle-même deviendrait de fréquentation fastidieuse, si elle craignait par le beau rire de déranger les lignes olympiennes de son visage.

Toutes celles qui n'ont pas la vanité de se comparer à la déesse, comprendront que la belle humeur augmente les attraits divins, et remplace ceux qu'on n'a pas.

Ayons bon caractère, parce qu'il est nuisible d'en avoir un mauvais, — nuisible à nous-mêmes, avant de l'être au prochain.

L'obligeance poussée jusqu'à la raisonnable générosité, est mathématiquement un bon calcul : sur dix personnes que vous servez d'une façon quelconque, il y en aura peut-être une qui vous paiera d'ingratitude, six d'indifférence ; et trois par leur reconnaissance. — Au total, en opérant sur une grande quantité, vous verrez que le rendement est profitable.

La première de toutes les personnes qu'il faut séduire, c'est le mari.

Ne lui permettons pas l'excuse d'un intérieur fâcheux, pour s'en aller ailleurs.

Toutefois, ne vous imaginez pas que pour se montrer aimable et tendre, il faille environner sans cesse le doux maître d'une fatigante sollicitude, et « se pendre à son cou ». — Ce serait le sûr moyen de le mettre sous peu en fuite. — Répondez à ses avances, mais ne les provoquez point. On ne saurait se câliner toute la vie... Le temps des caresses est court. Ce qui dure, c'est la communauté des pensées, l'union des cœurs.

Dès le début de l'intimité conjugale, la jeune épouse, sans questionner sottement, inquisitorialement, son mari, sur ses affaires, ses travaux, ses actes, sait s'insinuer dans sa confiance, et l'amener à lui « dire tout ».

Il n'y consentira peut-être pas dans les premiers temps ? mais, il « y viendra, » s'il se sent compris. — L'écouter d'abord ; lui répondre ensuite sincèrement, sans crainte d'émettre des observations modestes, l'approuver chaudement quand on est de son avis et qu'on peut l'encourager, devenir sa confidente, sa collaboratrice en quelques circonstances, voilà le secret pour se « rendre indispensable ».

Quand la femme ne sait pas faire causer en « ami » le chef de la famille, celui-ci est « absent » malgré sa présence effective. Sa pensée errante subira tôt ou tard l'influence d'une « autre », qui s'emparera du vrai « Lui »... de son cœur, de son intellectualité.

Si légitimement que l'on soit « mère » on a tort aussi de trop sacrifier le mari aux enfants. Ceux-ci d'ailleurs réclament plutôt une direction bien réglée, sage, que l'inutile esclavage des parents.

L'épouse doit donc, quand elle a conscience que son mari le désire, s'arranger pour concilier ses deux tendresses, et ne pas refuser de « sortir » quand un devoir, plus impérieux que l'autre ne la contraint pas au refus.

A ce propos je veux faire une courte citation empruntée à un journaliste qui parlait des conférences de M. Marcel Prévost :

« Le mari, est pour M. Marcel Prévost, le plus terrible ennemi de la vie intellectuelle de la femme, à moins qu'il n'ait lui-même une vie intellectuelle, mais c'est là l'exception. Il imagine une jeune femme trouvée par son mari lisant un volume de Macaulay. Le mari, qui a eu toute la journée des préoccupations fort différentes, s'empresse de lui faire laisser là ce livre grave et de l'emmener par exemple dans un music-hall où se joue une revue, autrement capiteuse que l'œuvre de Macaulay. La jeune femme est aussitôt froissée dans sa sensibilité par un spectacle qui la heurte encore plus qu'elle ne l'étonne. Au retour, le mari convient que cette revue était idiote, la jeune femme émet l'avis qu'elle aurait préféré demeurer à la maison à lire Macaulay, ce qui contrarie fort monsieur, qui déclare qu'une autre fois il sortira seul. Voilà donc une petite querelle qui se prolongera fort avant dans la nuit, pour se terminer comme d'ordinaire se terminent les querelles des jeunes ménages. »

Eh bien! voulez-vous que je vous dise mon sentiment? La femme qui ne sait pas trouver de l'agrément en *compagnie de son mari*, au Music-Hall ou dans un boui-boui quelconque, n'aime pas son mari, d'abord, et n'est pas fameusement intelligente ensuite. — La vraie intelligence se divertit partout, parce qu'il n'y a rien au monde qui ne vaille d'être observé, jugé, et dont on ne puisse tirer une leçon. Il faut donc : 1° Qu'elle n'accepte pas un mari qu'elle ne puisse aimer; 2° que l'instruction ne lui fasse pas perdre la simplicité et le bon sens.

La gaîté est une charité. Elle a été le fait de la plupart des grands saints. Douce, sereine et constante, elle s'exerce avec discrétion. Il serait malhabile, même étant bien intentionné, de prétendre faire rire quiconque a envie de pleurer. Mais on peut toujours enlever à celui qui souffre le superflu de sa peine. Tous nos maux s'augmentent de quelque exagération, des effets de notre imagination, de notre sensibilité spéciale, du souci de l'opinion d'autrui, (... on se désole si souvent pour la galerie !...) de mille contingences diverses. — Il appartient à celle qui veut consoler de prononcer la parole raisonnable, de secouer adroitement l'inertie, le découragement, — de rassurer parfois l'amour-propre.

Et quand soi-même on subit à son tour une contrariété ou une épreuve, on retrouve à son service la philosophie méditée à l'usage d'autrui. Si nous mesurions avec sagesse l'importance des choses qui nous taquinent, nous froissent ou nous navrent, nous en diminuerions considérablement le dépit ou la douleur.

Tout se supporte, tout se subit, tout passe, tout s'efface... « L'existence entière se compose de partis à prendre » finalement pris par force. Convaincus de cette loi, remettons-nous des difficultés, des ennuis, aussi vite que possible, avec une humeur « rebondissante »... — et appelons à notre secours la haute résignation, dans les circonstances vraiment cruelles.

Les rapports avec nos semblables, de quelque

rang qu'ils soient, auront l'agrément que nous saurons leur donner.

Ce sont les toutes petites vertus qu'on y apporte qui en font le charme très réel : la prévenance, la conciliation, la délicatesse, la discrétion, l'exactitude, la correction en toutes choses.

On finit par s'environner d'une atmosphère bienveillante, dont les années vous font évaluer le prix inestimable.

Les susceptibilités, les petites jalousies envieuses sont de féminins travers trop souvent constatés. C'est en général la prétention qui les cause. On se vexe de n'avoir pas été traitée, remarquée, louangée, comme on souhaitait de l'être. Cette petite faiblesse ferait croire à une mince valeur. Être *soi*, bien *soi*, sans chercher à *paraître* plus jolie, plus riche, mieux née, mieux posée qu'on ne l'est en réalité, vous place bien au dessus des piqûres, des blessures infligées aux amours-propres mesquins. On défie l'indifférence, le dédain, les malveillances, parce qu'on possède la conscience de ce qu'on vaut vraiment, — et la force, la supériorité secrète de savoir que le temps vous procurera votre revanche.

Le choix des relations est de la plus haute importance, toujours, mais plus encore dans la jeunesse. — Le mariage (ou le célibat résolu) est en somme le vrai départ pour le voyage de la vie. — Que ce soit dans l'humble existence de la travailleuse ou dans les mondanités élégantes, le cercle se composera de personnalités estimables, intelligentes, de mérite modeste peut-être, mais honorables. — Si à cette base viennent s'ajouter la situation brillante, la fortune, le pouvoir, tant mieux.

Le nombre des visites reçues et rendues, la foule qui répond à vos invitations, ne constituent pas un « salon »... Son mérite tient aux éléments qui le composent. — La banalité effraie l'élite ; la vulgarité la met à jamais en fuite.

Au moment de faire une « connaissance » nouvelle, surtout lorsque la jeune femme n'a pas l'égide du mari, tout en restant gracieuse, elle saura conserver une provisoire réserve. Il est scabreux de reculer quand on s'est avancé... Les milieux comme il faut approuveront toujours la prudence contre le danger des relations compromettantes, car la réputation tient à des causes multiples qui se rattachent autant aux liaisons féminines qu'aux autres. — Du reste, si intimes que puissent devenir les amitiés, les rapports d'affaires ou de confraternité, il sera de règle d'en bannir la familiarité qui conduit à l'indiscrétion, au sans gêne vulgaire, et fatalement de terminaison fâcheuse...

Les élans charitables eux-mêmes seront sagement réprimés jusqu'à l'approbation d'un conseil éclairé, parce que la femme sans expérience devient aisément victime d'un bon mouvement. Son rôle par exemple, n'est pas de ramener les égarés ni de relever les déchus. — « Prenez garde de tomber en donnant la main »... disait Fénelon à une pieuse dame de zèle inconsidéré.

Les plaisirs ressemblent, pour l'esprit, à des bains salutaires. C'est dans ce but qu'il convient de les rechercher, sans vouloir en faire la machine à tuer le temps. — On leur demande la distraction, la détente, et aussi l'affinement des mœurs, la culture du goût.

Celles qui ne peuvent « aller dans le monde », s'en consoleraient aisément, si elles savaient ce que sont la plupart du temps ces Fêtes pour lesquelles on soupire après en avoir lu la description dans les journaux. Elles ignorent les exagérations, les flagorneries de ces articles pompeux — et surtout le vide de « la grande vie »... — Les plaisirs cessent de plaire quand on les connaît trop. C'est pourquoi la vraiment bonne compagnie a toujours tendu aux réunions restreintes, choisies, dont la délicatesse constitue l'exquis agrément.

Les jeunes personnes sont parfois très tourmentées du « qu'en dira-t-on », ou au contraire portées audacieusement à faire fi de l'Opinion publique.

On est toujours vaincu dans la lutte contre

cette dernière, car elle est le « nombre » — par conséquent « la force » souvent injuste, aveugle, brutale, qu'il est inutile de combattre, quelque bravoure que l'on possède.

Autre chose est d'être l'esclave du fameux « ça se fait » ou du non moins tyrannique « ça ne se fait pas » — au sujet de puériles frivolités. Pourquoi me soumettrais-je à des conventions absurdes, qui me feront du tort ou me causeront de l'ennui?... ceci par respect humain ou pour mieux dire, les trois quarts du temps, par vanité. — Lorsqu'on connaît les prétendus « usages » on sait s'en affranchir dans les limites raisonnables.

La femme jeune a momentanément avantage à préférer l'apparence de la timidité à celle de l'audace ; ceci l'expose au minimum d'aventures.

En s'abandonnant trop complètement à sa fougue, on risque de commettre des inconséquences fâcheuses. L'esprit naturel porte à l'ironie, à la tentation de n'épargner personne quand il s'agit de lancer le trait... En se retenant un peu, on affine son intelligence et l'on s'épargne bien des inimitiés.

Le désir de briller, du reste, que ce soit par le faste, l'étalage des succès, ou tout autre motif, offense ceux qu'il éclabousse. Pour une mince, et au fond très peu charitable satisfaction — combien de petites rancunes ne sème-t-on pas autour de soi !

A tout âge, il sied d'éviter la contradiction intolérante, et encore plus la discussion violente. La rupture aiguë est une faute. Les gens bien élevés s'en gardent. Toute brutalité, toute inimitié criante, est acte de mauvais goût...

Ni crédulité sotte, ni défiance systématique, telle est la règle qu'on doit apporter dans les rapports quotidiens.

Les flatteurs, les habiles qui prétendent vous séduire par des propositions magnifiques sont à redouter. Tout bénéfice qui dépasse la moyenne raisonnable, ressemble fort à un piège, — ainsi que tout avantage que ne justifient pas les circonstances. Ce qui est « trop beau » toujours est inquiétant.

Par contre, reconnaissons que la société n'est pas uniquement composée de canailles. Celles-ci sont même en infime minorité. Seulement elles font chacune du bruit comme dix, alors que les braves gens sont rarement retentissants. Ces derniers ne sont pas sans défaillances ; la sainteté n'est pas plus leur lot que le vôtre ou le mien. Ainsi que nous serions indulgents à nous-mêmes, soyons-le pour eux. Que les condamnations ne soient pas sans appel.

*
* *

La femme trop heureuse, aisée, — sans enfants, plus encore que tout autre ne tarde pas à s'ennuyer.

Qu'elle y songe! s'ennuyer c'est s'avouer un peu sotte, et incapable de tirer quelque chose de son propre fond. On peut toujours se créer des occupations et des devoirs, — de même que la tâche la plus fastidieuse devient attachante lorsqu'on s'applique à y exceller.

Si la destinée semble vous condamner à une existence monotone, sans issue, renoncez aux espoirs irréalisables; prenez votre parti de votre sort en cherchant à l'améliorer, sans plus. — Peut-être sera-ce quand vous serez arrivée à la résignation, que le caprice imprévu des événements viendra récompenser votre sagesse?

Toute existence terne et bornée peut se donner de la lumière et de l'horizon par l'action et l'altruisme. Personne n'a plus le droit de se dire comme jadis « enterrée » au fond d'un trou perdu. Les communications faciles et rapides, les associations d'études et de charité, mille ressources, s'offrent quand on ne prétend pas gagner de l'argent, — et encore plus lorsqu'on a le moyen d'en dépenser un peu. Les journaux, les périodiques de toutes sortes répandent des renseignements, des indications innombrables... Ne dites donc jamais — « Que puis-je faire?... » mais bien : « Je veux faire... »

La lecture, inestimable par ses bienfaits, devient, hélas! malsaine, lorsqu'on choisit des écrits corrupteurs.

Je ne suis pas prude le moins du monde; et

je ne m'effarouche nullement d'un ouvrage licencieux ayant pour excuse l'art de l'auteur. De temps à autre, c'est le verre de champagne pour l'esprit. Il devient seulement regrettable de préférer cette littérature exclusivement; — et déplorable de s'amuser d'un genre plus bas.

Des lectures et des conversations perverses la femme retient des termes, des détails, qui répétés ou commentés par elle, font croire à une corruption dont elle n'a que la superficielle apparence, heureusement! — Toutefois, ceci révèle une curiosité, une éducation encourageantes pour les séducteurs, et l'expose à des... ennuis.

Soit dit en passant aussi, les voluptés troublantes auxquelles des écrivains voudraient faire croire, n'existent pas. Ils apportent, à leurs descriptions sensuelles, les mêmes exagérations que les chroniqueurs mondains aux récits des solennités qu'ils imaginent sans y avoir pris part. Évidemment, quelques exaltés, quelques désiquilibrés ayant dépravé leur pensée et leur conduite, voudraient s'excuser en dépravant les autres. Ne soyez pas leurs dupes; — et regardez dans quelle déchéance navrante ils finissent...

L'ennui prépare celle qui en souffre à toutes les erreurs, à toutes les faiblesses. Combien voit-on de rêveuses interpréter follement même les plus belles doctrines religieuses, et les changer en aberrations?... L'inaction engendre les défaillances sentimentales. Tous les fonctionnaires vous diront quelle facilité ils trouvent à... se distraire auprès des provinciales désœuvrées.

A ce dernier point de vue, le meilleur préservatif est la confiance, la sincérité absolue envers le mari. Lui raconter minutieusement l'emploi de ses heures, c'est se placer sous sa protection.

Je dis : *minutieusement,* parce que, parfois, il n'est pas indifférent de prendre en sortant de chez soi le trottoir de droite plutôt que celui de gauche...

On a prétendu qu'une telle règle de sincérité est inapplicable; qu'elle éveillerait la jalousie du mari; que la paix des deux époux serait troublée... — Non. Le mari sera d'autant plus tranquille qu'il sera mieux renseigné.

Supposons ce dialogue :

Madame. — J'ai rencontré aujourd'hui X ..

Monsieur. — Où cela?

— Dans la rue... En sortant de chez maman.

— Tu m'as dit l'avoir déjà rencontré hier... Il n'a pas de raison pour aller dans ces parages tous les jours... Ne trouves-tu pas un peu étonnant qu'il soit justement là, quand il sait que tu vas chez tes parents?... Si tu le rencontres encore, évite-le... S'il t'aborde et te parle, fais-lui comprendre par ton attitude, et déclare-le lui au besoin nettement, qu'il ne te plaît pas de t'arrêter ni de causer dehors.

— Je n'oserai pas.

— Ose, ma chère petite... C'est très facile... Tu diras simplement à cet indiscret : « Je vous prie de m'excuser... Je suis pressée... Mon mari m'attend ! » Tu seras très naturelle, très gracieuse... Il comprendra.

— Et s'il ne comprend pas ??...

— A la récidive, tu me mettras carrément en jeu : « Veuillez vous borner à me saluer, lorsque vous me rencontrez, car mon mari désire qu'il en soit ainsi. La règle concerne tous les messieurs, par conséquent elle n'a rien de blessant pour vous. » — S'il manquait de tact au point d'insister et de t'importuner, nous aviserions à un autre moyen. Tu pourrais par exemple changer pendant quelque temps les heures de visite chez ta mère, ou te faire accompagner. — Tu vois qu'il n'y a là rien de violent, de tragique...

Admettons qu'au contraire la jeune femme ne se soit pas imposé le confiant devoir de causer, de tous les menus incidents avec son *meilleur ami*, qu'arriverait-il ?

Elle aurait par calcul ou par oubli négligé de parler de X... ; le lendemain elle l'aurait revu, le surlendemain elle l'aurait remarqué ; le quatrième jour ils se seraient souri ; le cinquième on s'aborde ; le sixième on fait quelques pas ensemble... le septième on se détourne du chemin habituel... Bientôt la *très honnête*, mais la timide, l'inexpérimentée, subit la domination du Monsieur. Elle ne *peut* plus en parler à son mari parce, qu'il est déjà trop tard, qu'il y a une nuance de « secret » entre elle et l'entrepreneur de séductions. — S'il lui plaît, nul ne sait ou ceci la conduira. — Tout au moins, elle sera vue ; les mauvais propos terniront sa réputation ; un incident peut la mettre en posture de coupable ? Elle risque de tomber entre les pattes d'un maitre chanteur?

Ici j'ouvre une parenthèse :

Jamais, à aucun âge, en aucune circonstance il ne faut se laisser intimider. Même si par maladresse ou défaillance, on s'est mis sous la coupe d'un escroc par l'intimidation, il faut immédiatement payer en quelque sorte les dépens de sa faute, afin d'arrêter les frais — c'est-à-dire qu'on doit aller carrément à qui peut vous défendre, — fût-ce simplement à un magistrat, (le commissaire de Police en est un) — et lui dire ce qui se passe, où l'on en est.

Sans doute il faudra subir une admonestation ; mais on se débarrassera des fripons qui croyaient vous tenir. — Tandis que si une seule fois, on a espéré acheter leur silence, on est perdu. Ils vous « tiennent. »

Les galants ne sont pas seuls à redouter : l'amie, le charlatan, le faux pauvre, le médecin, le prêtre lui-même ! la première dette chez le fournisseur, le verre de porto pris chez le patissier, tout risque de devenir pernicieux par l'abus, l'exagération ou l'influence.

Ne croyez pas que vous aliénerez votre liberté intime en rendant compte de vos moindres actions!... Souvent l'approbation que vous en recevrez vous confirmera au contraire dans la tranquillité. Et qu'est-ce qu'un léger blâme encouru, quand il peut vous préserver de bien des larmes?

*
* *

Jusqu'ici nous avons sous-entendu le très bon ménage.

Malheureusement il en existe de mauvais; et, il faut le reconnaître à l'honneur de la femme, les vrais torts, les torts graves sont assez rarement de son côté.

Toutefois, si la plupart du temps, elle respecte ses principaux devoirs, elle ne se méfie pas suffisamment de ses nervosités, de ses écarts de caractère.

Les mélancoliques, les exaltées, les « incomprises » (ô... les incomprises!!) les trop bavardes, les trop zélées, fatiguent harassent l'époux. — On doit éviter à tout prix la « première » querelle. — La vie tout entière peut s'écouler sans dispute.

Sans doute, le conflit d'opinion, surtout à propos des enfants ou des affaires, présente les plus grandes probabilités; mais l'*explication* doit suffire. Il n'est aucunement nécessaire de s'emporter, d'échanger des mots aigres, des reproches violents dont on garde le fâcheux souvenir, même quand on s'imagine les avoir pardonnés.

En somme, le ménage « marche » lorsque la femme a le bon sens d'admettre en principe qu'aucun mari (aucun amant non plus, chère Madame !) ne serait sans défaut. — De plus, le tempérament mâle, développé par l'éducation virile, la lutte de carrière, les soucis et les responsabilités, excusent l'homme de ne pas posséder toutes les délicates vertus féminines. — Se gardant de sévérités superflues, avec patience, sans récriminations, pleurs ni bouderies, l' « associée » comprend sur quels points il est habile et nécessaire de capituler, — afin d'être victorieuse sur les autres.

Car si facile à vivre qu'elle soit, cette compagne, apparemment docile, saura se défendre, et même, *se faire craindre*... — Parfaitement !... Si j'ai horreur des femmes « qui font des scènes » il ne sera pas mauvais qu'on soit capable d'en faire *une*, *une seule*, mais bonne et décisive.

D'autant plus forte qu'elle est irréprochable, l'épouse sera non moins irréductible. C'est-à-dire qu'elle aura fait ses preuves d'insensibilité aux cadeaux, aux gâteries, et même aux caresses...

Celle qui se « raccommode » sur l'oreiller, ne sera jamais qu'une esclave avilie. — Celle qui pardonne à la vue d'un écrin est une enfant.

Or, l'épouse, surtout devenue mère, a son Honneur tout autant que l'homme. Lorsque celui-ci reçoit un soufflet, il le rend ou il en demande raison, selon son rang social. — Pourquoi la femme subirait-elle l'insolence ou le traitement brutal ? — Tout comme le mâle qui a du cœur, elle préfère la mort à la honte ; et son asservissement est une honte. L'homme, le prétendu « Maître », ne l'a opprimée que par l'abus de la force physique. Père, frère, époux, amant, patron, s'étonne lorsqu'il ne se trouve plus en face d'une créature *peureuse* plus encore que débile. Osez le braver ! Il tiendra à votre estime.

— Que faut-il faire, pour lui résister ?

Je n'en sais rien ; cela dépend des circonstances... Mais au *premier* manque de respect, *il faut faire quelque chose*... quelque chose de très digne ou de très violent..., quelque chose enfin qui mette le coupable à la raison... Rappelez-vous la *Mégère apprivoisée* de Shakespeare. Toutes les mégères ne sont pas femelles... La preuve qu'on les peut réformer, c'est que très souvent l'homme qui a odieusement agi avec une première femme « file doux » avec une impérieuse maîtresse ou une seconde épouse.

Tant qu'il y a espoir de conciliation, on apporte tout son cœur, son intelligence et *sa fermeté* à réaliser l'accord. — Afin de ménager l'amour-propre si sensible chez la plupart des humains, on évitera de mêler la famille au conflit. Dans le cas d'une action rigoureuse, nécessaire, le meilleur conseil est un homme de loi sérieux, sachant vous défendre, — mais aussi sagement vous apaiser. Ne pas confondre avec les « filateurs » les entrepreneurs de divorces, grands exploiteurs des coups de tête féminins.

Lorsqu'on est tombé sur un malhonnête individu ou une brute, il n'y a pas d'autre ressource que de s'en séparer, en prenant toutes les dispositions légales protectrices contre lui.

Les grandes causes de rupture sont au résumé peu nombreuses ; elles se réduisent à celles-ci :

Les mauvais traitements.
L'intempérance.
La dilapidation des biens du ménage.
L'infidélité.

Les mauvais traitements, les injures ne se rencontrent pas uniquement dans les basses classes ; l'élégant alcoolisme des bars et autres lieux plus relevés que le cabaret, se traduit, ainsi que l'absence d'éducation, par l'insolence et même les voies de fait.

La femme qui ne s'est pas aperçue, pendant

les fiançailles, de la grossièreté du prétendant, si masqué d'amabilité qu'il fût, a été bien peu perspicace !... Si elle a passé outre en connaissance de cause, elle a eu tort ; à moins que se sachant vraiment aimée par un brave homme mal éduqué seulement, elle ait pu concevoir le projet de réformer ses imperfections, et l'espoir d'y réussir.

Si la violence a pour origine la brutalité alcoolique, toute espérance doit être abandonnée. Il n'y a d'autre ressource que de se laisser maltraiter une bonne fois, bravement, afin d'obtenir le moyen légal d'échapper à une existence que seul pourrait faire supporter un dévouement sublime.

Mais il se peut qu'un individu très sobre se laisse aller tout à coup à des habitudes nouvelles d'intempérance, soit par entraînement, soit sous l'empire de conseils d'hygiène maladroits. — Alors, il devient possible d'enrayer le mal, si l'on agit très vite, et avec une excessive énergie.

On fera comprendre à l'homme, redevenu de sang-froid, après son *premier* acte d'intempérance connu, le péril inévitable vers lequel il court. Quelques semaines d'intoxication suffisent pour que malgré toute sa bonne volonté et ses efforts, l'alcoolique *ne puisse plus* résister à un penchant plus fort que lui.

Tenez-lui donc ce langage logique :

« — Si tu m'aimes, tu me laisseras te sauver... Si tu ne m'aimes pas, séparons-nous à l'instant, avant que nous devenions ennemis, car jamais je ne resterai avec un homme que la boisson rendra capable de tout, qui me répugne d'avance, et que je frapperais peut-être d'un mauvais coup, dans une minute de dégoût. »

A cet avis on ajoute une surveillance irréductible, sur le candidat à l'alcoolisme ; on pourchasse ceux qui le tentent ; et l'on ne redoute pas de dénoncer son défaut naissant, au lieu de le cacher, ainsi que le font trop ordinairement les femmes maladroites.

— « Tu as été dire à mes chefs que je me grise !... »

— « Parfaitement... Tu constates toi-même que la révélation de l'état dans lequel tu te mets te cause du préjudice... Ne vaut-il pas mieux t'humilier un peu aujourd'hui et te corriger, que préserver ton amour-propre et te laisser contracter le vice invincible ?... Amende-toi. Tu regagneras l'estime de tes supérieurs, et tu l'auras plus solide, plus haute qu auparavant. »

La morphine, l'opium, l'éther, — et même les alcools de menthe ou de mélisse, plus lentement, plus sournoisement, — présentent aussi le danger d'accoutumance.

Tous les médicaments, en général, surtout quand ce sont des excitants ou des stupéfiants, doivent être acceptés sans préjugés, comme exceptionnel secours, — car rien n'est nuisible à dose mesurée, — mais en n'oubliant pas que quand, par l'usage continué, l'intoxication s'est produite, la cessation devient *impossible.*

Jusqu'à présent du moins, les cures n'ont été qu'apparentes ou temporaires, quels que soient les moyens que l'on ait employés pour les obtenir. Si quelques guérisons radicales peuvent être citées, elles se sont produites sur des sujets très jeunes, très vigoureux, et qui n'avaient pas été bien longtemps soumis à la fatale passion de l'alcool ou d'une drogue quelconque. — Encore faut-il savoir s'ils n'ont pas remplacé un poison par un autre, s'ils ne l'ont pas repris en cachette? ou si leur réelle constance n'a pas été tristement récompensée par des accidents dus à l'effort de résistance trop grand exigé de leur organisme.

Il va sans dire qu'à l'égard des infortunés torturés par des souffrances inguérissables, le stupéfiant devient une miséricorde.

La dilapidation des biens de la famille se présente sous deux aspects: la perte du capital par le travail malchanceux, et le gaspillage par les spéculations hasardeuses, le jeu en un mot, sous ses diverses formes.

L'initiative, la hardiesse, si nécessaires au succès, ne sauraient être interdites à l'homme d'action. — S'il part de rien, sa compagne n'a qu'à partager ses risques. — Mais s'il engage l'avoir du ménage, surtout si des enfants augmentent les charges de celui-ci, la mère fera bien d'obtenir la séparation de biens, et de mettre à couvert tout ce qu'elle pourra épargner, en placements *inaliénables*. Ce sera la tranquillité permanente pour tous et peut être la « planche du salut » — pour l'inventeur, surtout ! l'inventeur à la si touchante persévérance. Au vaincu alors, on réserve toutes les consolations du port de refuge. — Tandis que si, par imprévoyance, on s'est réduit au dénument, on se plaint, on accable de reproches l'auteur de la situation, on l'oblige à pourchasser la pièce quotidienne nécessaire à l'ébullition de la marmite, au lieu de lui laisser la liberté indispensable à son relèvement. C'est l'effondrement définitif.

Le Joueur, par contre, ne mérite aucun égard, à moins que ce soit un « faible » et non un malhonnête homme.

Dans ce dernier cas la lutte consiste en ceci : patienter tant que joueur fournit l'argent au ménage; le jour où il n'en donne pas, on fait les dettes *indispensables*, jusqu'au jour où devant les notes impayées, et les refus de vivres par les fournisseurs, on va déclarer au commissaire de police que l'on n'a pas mangé depuis la veille... Après quoi on va déjeuner (de bon appétit si c'est possible, afin de prendre des forces) chez des parents ou des amis. — Puis on met à l'abri les objets auxquels on tient, en prévision de la saisie du mobilier qui ne tardera pas à se produire. Parfois ces mesures « disciplinaires » font réfléchir le monsieur, — d'autant plus que simultanément on a chargé un avoué de guetter l'instant propice à la séparation de corps et de biens, en ayant soin de faire constater le droit de « reprises ».

On objectera que quand on n'a pas de ressources, quand on a par surcroît des enfants, on ne peut agir ainsi...

Il n'y a là aucun empêchement; parce que le jour où le père ne nourrit plus sa famille, on est aussi pauvre sous sa tyrannie qu'on le serait étant libérée, — et qu'on y perd sa dignité. — Libres, les enfants se feront ouvriers, et la mère fera ce qu'elle ferait en la dépendance d'un homme qui lui laisse le soin de se tirer d'affaire comme elle pourra. Personne ne meurt de faim, quand on sait mettre de côté le sot amour-propre. Et le fils qui a pu constater, admirer peut-être l'énergie maternelle, se conduira plus tard d'une façon tout opposée à celle dont son père lui a donné le triste exemple.

Quand le joueur est un « faible » on le traite comme un enfant qu'on châtie sans cesser de l'aimer.

— « Êtes-vous oui ou non capable de résister à vos entraînements? — Si oui, soyez ferme, je vous en supplie, car vous êtes prévenu que dans le cas contraire je ne resterai pas avec vous, dans un intérieur où il n'y aura plus ni paix dans le présent, ni sécurité pour l'avenir. Les circonstances en faisant de vous, fatalement, à un moment quelconque un indélicat, ou même pire, m'obligeraient à vous enlever mon estime. Voyez la pente sur laquelle vous vous engagez; arrêtez-vous... Vous le pouvez. Si vous êtes sans force contre les tentations, dites-le; je vous protégerai contre elles, ainsi qu'un malade, un doux monomane, irresponsable et presque touchant. Je vous aime; je souffrirais beaucoup d'en venir à la séparation; je ferai tout pour l'éviter, car je serais très malheureuse d'être obligée de vous abandonner à la triste destinée, à la bassesse de celui qui ne vit plus que du gain illicite, aléatoire et honteux. »

Le « faible », après une ou deux rechutes, se reconnaît forcément vaincu par son vice.

Alors commence le véritable combat.

D'abord, il va sans dire que l'on a repoussé tout cadeau, toute participation aux plaisirs, aux avantages dont le jeu ferait les frais. — Certaines femmes acceptent des bijoux en croyant sauver au moins la valeur qu'ils représentent. C'est un calcul décevant, car le joyau offert généreusement à l'heure de la « veine » est toujours redemandé quand tourne la chance.

Ce qu'il convient de faire, c'est de surveiller le joueur, d'apprendre à tout le monde qu'il joue; de prier tous ceux qui peuvent avoir des relations avec lui, non seulement de ne pas favoriser son penchant, mais même, d'y faire obstacle si les circonstances le permettent.

On a recours aux moyens que la Loi met à

votre disposition ; on dépose des plaintes contre les cercles, les cafés. — On surgit à l'improviste dans les endroits publics où le jeu est autorisé ; on ne recule pas devant un scandale...

Bientôt, lorsque dans le monde des joueurs, on saura qu'*aucune dette de jeu n'est reconnue ni payée par vous*, que vous jetez à la porte tout créancier qui se présente, que vous créez des ennuis aux personnes et aux établissements qui ont facilité le jeu à votre mari, ce dernier finira par se trouver dans une situation un peu... sotte.

Comme il essuie dehors de petites humiliations, et que chez lui il rencontre le parti-pris de douceur, de compassion pour « le malade », il arrive à comprendre les charmes d'un intérieur pacifique, des nuits sans fièvre, des matins sans remords, et des lendemains assurés.

Il peut advenir que par exagération sincère ou par calcul, le mari, en présence de ces rigueurs, use du « chantage au suicide ». — Naïve serait vraiment celle qui s'y laisserait prendre. — Voici la réponse que mérite cette menace :

— « Si vous en êtes là, c'est que vous vous reconnaissez incorrigible?... — C'est que vous vous sentez prêt à toutes les vilenies auxquelles finissent par vous acculer la continuité des fautes?... Vous voulez vous faire justice par anticipation et vous épargner le déshonneur?... Ce serait un très mauvais service à vous rendre que de vous en empêcher. »

Lorsque les hommes savent que leurs femmes sont de taille à leur résister de la sorte, ils commettent beaucoup moins d'actions fâcheuses. Combien ont échoué sur les bancs de la cour d'assises!... combien ont fini dans la paix et le bien-être, selon que leur « associée » a su se conduire avec la rigueur de la *vraie* tendresse.

L'infidélité est peut-être le moins grave et le plus réparable des torts conjugaux envers la compagne; mais aussi c'est lui qui blesse cette dernière le plus douloureusement, le plus profondément. Les autres méfaits peuvent coûter très cher! seulement ils ne meurtrissent pas le cœur: ils n'*offensent* pas comme celui-là.

On pleure parfois une trahison aussi désolément que l'on pleurerait un mort; et comme devant un cercueil aussi, on ne peut conseiller que la résignation.

Par bonheur l'infidélité du mari ne vaut pas souvent d'être prise au tragique. Non pas que je veuille l'absoudre! mais parce que c'est chose si courante, qu'il faut presque d'avance s'y préparer.

Les incartades de ces messieurs ne font aucun mal quand on les ignore. Lorsqu'on les découvre (ce qui est plutôt fâcheux), si l'on avait le courage en certains cas de « fermer les yeux », ce serait fort habile. — Le coupable se surveille d'autant mieux qu'il se cache, et se gêne d'autant moins qu'il n'a plus à se cacher.

Au fond il n'est pas terriblement criminel. Faisons-lui les gros yeux... préventiment. Mais entre nous, il a bien des excuses ! Nos mœurs le vouent à la monogamie, et elles l environnent de séductions ! — Alors que le musulman polygame ne voit jamais d'autres femmes que celles de son harem, le chrétien — surtout celui tant soi peu en évidence — est harcelé par les tentations. Essaie-t-il une vertueuse résistance ? Se sauve-t-il du danger par la fuite ? il devient un peu... ridicule. La confrérie des hommes mariés le considère presque comme un faux frère... Plaignez l'infortuné qui pour se protéger n'a pas notre droit et notre devoir de repousser l'hommage, lorsque nous le considérons comme une offense.

Si les frasques du mari sont dépourvues de sérieuse importance, ses « attachements » deviennent très redoutables. Ils naissent parfois traîtreusement dans l'intimité même du ménage. Le laideron est aussi dangereux qu'une jolie créature. On se prend aux pièges de la bonté, de la compassion, aux grâces du caractère... — L'épouse ne devra jamais être aveuglément confiante ; la jalousie n'a rien de commun avec la prudence... De même que j'ai invité la jeune femme à chercher la sauvegarde près de son mari, je l'engage non moins à employer sa propre clairvoyance pour défendre celui-ci contre les surprises, — et les méprises !... — du cœur.

N'importe en quelle circonstance, la pire maladresse que puisse commettre l'épouse est de déserter le domicile conjugal ne fût-ce que durant vingt-quatre heures. — Cet enfantillage qui ne rime à rien, a l'inconvénient de fournir une arme au mari, si malheureusement le désaccord venait à se produire jusque devant le tribunal.

La femme est de *droit* « chez elle ». — Même dans le cas d'abandon, elle reste sous le toit familial jusqu'à ce que légalement elle le puisse quitter. Elle ne sort de la maison que devant la violence *prouvée.*

Et aussi quand on aime encore l'infidèle, *on reste,* parce que le foyer, c'est le « poste » où l'on demeure avec l'espérance et la presque certitude du repentir plus ou moins tardif de l'ingrat.

Néanmoins, après les inévitables larmes, reproches ou violences spontanées, il serait à souhaiter, que certaines conventions réglassent, en sauvegardant la dignité de la femme, les rapports futurs des deux conjoints. Ceci est facile, — excepté pour le peuple qui est privé d'aisance.

Si le mariage a été d'inclination, et qu'il entre plus de tendresse que d'amour-propre dans le chagrin de l'offensée, celle-ci dira quelque chose dans ce goût :

— « C'est toi qui m'as voulue... C'est toi qui as

su te faire aimer... Cependant je ne prétends pas que tu sois condamné à m'aimer éternellement. Tu me prouves qu'on peut se détacher .. Je me détacherai certainement à ton exemple. — Vivons donc désormais ensemble ; seulement, n'attends plus de moi aucune prévenance ; ne redoute non plus aucun mauvais procédé. Je saurai me tenir en face du monde qu'il est superflu de mettre dans la confidence de notre rupture. — Je te rends la liberté. »

Là-dessus, retraite réelle, sincère, de Madame, dans ses appartements particuliers. — Si Monsieur désire quoi que ce soit, il sera servi plus correctement que jamais, avec une froideur absolue. Jamais un mot aigre, jamais une allusion au passé; des réponses irréprochables, mais pas une parole pour engager ou prolonger la conversation. Les sorties obligatoires ensemble, rien de plus.

Cette conduite diffère de la bouderie inepte en ce qu'on la soutient sans maussaderie, avec la rigueur calme de la résolution bien prise.

Madame apportera beaucoup de constance à maintenir l'ostracisme de Monsieur, parce que si elle capitulait trop vite, si quelques pleurs suffisaient pour amener le tendre rapprochement, la pénitence serait vraiment trop douce pour que le coupable n'ait pas envie de la recommencer.

Lorsque l'union fut plutôt de convenances,

l'épouse se sent mieux préparée encore à tenir le même langage, dans une version quelque peu plus cinglante :

— « Mon cher, je me suis laissé marier par ma famille, et j'ai mis toute ma bonne volonté à me persuader que je vous aimais. J'y étais presque parvenue... du moins, je m'en donnais une illusion que votre conduite dissipe ; elle m'épargne encore la gêne que j'eusse éprouvée à vous confesser tôt ou tard mes sentiments, ou l'ennui pire encore de vous les dissimuler!.. Tout est pour le mieux. Allez où vous voudrez ; faites tout ce qu'il vous plaira, et laissez-moi tranquille. Nous vivrons décemment, ici *chez moi*, où j'entends être dorénavant la maîtresse souveraine. »

Il y a les plus grandes chances pour que Monsieur tombe de son haut, devant cette tranquillité ; et après un fol accès de rage, n'ait plus qu'une envie : se débarrasser de sa maîtresse et reconquérir sa femme.

Maintenant il reste toutes les solutions dictées par le cœur, les plus généreuses, les plus nobles, — à la condition qu'elles soient conçues noblement et pratiquées avec grandeur. — Ce qui importe seulement, c'est que le sacrifice ne soit pas résolu par faiblesse, et sans qu'on en ait prévu les conséquences. — Je pense qu'il faut avoir non seulement beaucoup d'indulgence mais beaucoup de compassion dans certains cas. Lorsqu'on entre dans un local inconnu, il arrive qu'on en étudie les issues en songeant : « S'il y avait un incendie, c'est par là que la fuite serait possible »... — Quand on s'engage dans le lien conjugal, il n'est pas mauvais de se dire : « Si telle chose se produisait, que ferais-je... » — Il peut advenir que malgré les combinaisons éventuelles, on fasse tout le contraire de ce qu'on avait prévu ; du moins, on évite la surprise extrême, l'affolement... Et si l'on écoute son cœur, c'est qu'on l'avait au préalable consulté. On a toujours raison de l'écouter.

Je pense qu'on ne doit se séparer que d'un malhonnête homme, à l'âme basse, et que l'on désespère de relever. — Alors, il faut le faire avec vigueur, avec fierté, en défendant ses intérêts, en sauvant du désastre tout l'argent que l'on peut sauver.

— « L'argent!... Toujours l'argent!!... »

J'entends parfaitement le cri réprobateur des sentimentales... Il ne m'arrêtera nullement de proclamer la nécessité de l'Argent en matière de cœur, plus encore qu'en n'importe quelle autre occurrence, parce que toutes les difficultés qui peuvent surgir entre gens qui s'aiment, ou qui ont cessé de s'aimer, augmentent et s'enveniment en proportion des difficultés pécuniaires qui existent.

Avouer qu'on tient à l'Argent comme on tient

à la santé, est un acte de loyauté. La santé ferait sentir doublement la faim à quiconque n'aurait pas de quoi acheter du pain!... Et nos spirituels « Bohèmes », qui se drapent si pittoresquement dans leur désordre, n'ont jamais fermé la main devant le louis opportun. — Sans un peu d'argent, on travaille infructueusement; on est une charge pour la société au lieu d'être parfois le secours pour quelqu'un. — La misère n'est une école qu'à la condition d'en sortir.

Parlons donc un peu d'Argent.

La femme majeure s'habituera d'abord à penser qu'on meurt à tout âge: que mettre en règle ses affaires ne tue personne; et que le testament n'a rien de plus lugubre que les autres grimoires sur papier timbré.

Pour rédiger cet acte, elle ne s'en fiera pas à son style. La Loi est un immense piège à traquenards variés. Il est bon de s'informer, près d'un notaire, de la valeur des termes qu'on emploie.

Sans qu'il soit indiqué à la jeune femme d'apprendre le Code par cœur, elle fera bien en toute occasion de s'instruire des « articles » de celui-ci la concernant, et de ne pas agir sans s'être au préalable renseignée sur son droit et sur les conséquences de ce qu'elle a l'intention de faire. — Il ne faut jamais se trouver dans son tort, au sens légal du mot, même pour les moindres choses.

En se mariant, la jeune fille signe un contrat, ou ne fait pas pas de contrat du tout, — sans savoir à quoi elle s'engage. — Il y aurait tout profit pour elle à se faire expliquer la situation présente, et celle qui pourrait se dessiner dans l'avenir.

La plupart du temps, le mari ne rend aucun compte des ressources du ménage, ni de la marche de ses affaires, même quand il n'a aucun reproche à redouter. Cette mesure est parfois affectueuse; son but est d'épargner à l'épouse des tracas qui altéreraient son insouciante et heureuse quiétude. — Plus souvent, l'homme prétend la dresser à « ne pas se mêler de ce qui ne le regarde pas ».

C'est ainsi qu'un vilain matin on se réveille sous le coup d'une catastrophe.

« L'associée » ne se contentera pas d'un rôle de sultane; ceci, elle le fera comprendre avec tact et adresse à son seigneur et maître. Elle se méfiera des paroles endormeuses, des largesses excessives, de tout ce dont les hommes sur la pente de la ruine se servent pour dissimuler la situation, parfois jusqu'à la minute tragique du suicide.

Beaucoup font partager à leur jeune compagne l'erreur de vouloir « paraître » pour « se lancer » ou pour augmenter la position acquise. — Sans doute il faut « savoir faire » et dépenser intelligemment. Néanmoins, à grimper trop vite on s'essouffle ou l'on dégringole : et en se hissant sur un piédestal trop fragile on risque l'effondrement. Les « esbrouffes » ne produisent plus guère d'effet, en matière d'entreprises lucratives

Au point de vue mondain, « jeter de la poudre aux yeux » ne gagne pas la considération cherchée; celle-ci ne saurait être longuement usurpée; elle ne s'attache qu'à l'honorabilité, à la stabilité d'une situation héréditaire, ou conquise par des alliances, des relations ou des succès. Il est permis d'être ambitieux mais sans rien perdre de la hauteur du caractère.

La femme a toujours une part importante dans cette conquête. — Sa tenue, sa façon d'imposer le respect de sa maison, se doivent compléter de qualités d'administrateur, de vrai « ministre des finances », — d'autant plus cultivées, développées, qu'elle dispose de ressources considérables.

Le budget sera réglé de façon à faire face aux dépenses, tout en réservant la part de l'épargne, de la bienfaisance et de l'imprévu.

Le Capital s'est attiré les attaques dont il est l'objet, parce qu'il n'a pas compris l'obligation d'être à la fois libéral, ordonné et prévoyant. Il y a là toute une science pour laquelle le cœur, la raison et la jolie élégance de la générosité, se doivent concerter.

Le désordre vient à bout des plus magnifiques patrimoines; la foudre frappe les sommets;

nulle fortune n'est à l'abri des coups du sort... — L'épargne s'impose donc pour parer aux événements, et aussi parce que toute fortune « s'use » lentement pour mille causes diverses.

Les dépenses générales sont sagement calculées lorsqu'elles évitent les lourdes charges d'apparat, de vanité, trop souvent causes d'affreuses parcimonies, d'odieux petits marchandages, de ladreries envers les humbles. Le juste salaire, avec une nuance de largesse, est une aumône d'excellente qualité. — Dans les combinaisons budgétaires, la réserve de l' « imprévu » ne sera jamais oubliée, car c'est cet imprévu qui désorganise tous les arrangements, et plonge dans la gêne souvent des gens que l'on ose qualifier de riches.

L'homme est en général réfractaire à l'épargne. — L'épouse jeune n'a pas toujours l'ascendant nécessaire pour l'y convertir. Parfois elle est forcée d'attendre que les sottises du mari viennent donner trop raison à ses principes méconnus.

Il n'y a que demi-mal dans les premières années du mariage, car on a le temps devant soi pour « réparer... » Mais la femme ne perdra jamais de vue la nécessité de l'épargne systématique, régulière, si minime qu'elle soit. — Il est assez bon de la régler dans les prévisions budgétaires de façon à ne pas verser tout doucement dans l'avarice en prenant l'habitude

« d'économiser » sou à sou. — Une fois mis de côté ce que l'on a jugé devoir être épargné, tout le reste sera dépensé de manière que tout bénéfice réalisé — d'un côté soit réparti sur autre chose, en augmentant le bien-être, l'agrément de la vie commune.

La femme a besoin d'être absolument persuadée de la nécessité de l'épargne, pour cette raison démontrée, prouvée, sur laquelle je reviens avec insistance, sans crainte de paraître me répéter : qu'*elle peut très rarement gagner sa vie par son travail, lorsqu'elle n'y a pas été préparée tout enfant, et qu'elle n'est pas entrée dans la carrière choisie, pendant son jeune célibat.*

A vingt-cinq ans il est déjà trop tard pour choisir un état. Les limites d'âge, l'avance prise par les concurrentes, lui barrent la route ; les charges, les devoirs du foyer créent aussi des empêchements. — La pratique des Arts réserve de dures désillusions à « l'amateur », et en tout cas, ne donne de résultats appréciables qu'après une assez longue période d'attente, et même de frais indispensables pour se faire connaître.

Par tous les moyens possibles on s'efforcera d'éviter la misère ; mais quand elle vous atteint d'une façon imprévue on ne doit jamais écouter le désespoir. — Elle ne saurait avoir qu'un temps. Tout finit, et personne ne meurt de faim. Il s'agit simplement de regarder l'épreuve en face, de la prendre corps à corps et de la vaincre.

Le tort général est de prétendre lutter par de petits moyens, avec la honte du revers, sans avoir le courage de trancher dans le vif. On a vu des gens se tuer plutôt que d'avouer leur détresse... Cela prouvait tout simplement qu'ils la méritaient ; car si l'adversité avait été contre eux une injustice du sort, ils n'auraient pas eu à en rougir.

Ce n'est pas « tendre la main » que porter fièrement un malheur, et chercher auprès des gens heureux ou puissants, le moyen d'y échapper. Seulement il est inutile de traîner partout des lamentations, de quêter le secours sous couleur de demander du travail qu'on ne veut pas ou qu'on sait ne pas pouvoir exécuter.

Voici le seul parti à prendre, énergique, et capable d'assurer le relèvement.

Au moment où se produit la catastrophe, la personne jusqu'alors aisée ne se trouve pas absolument à bout de ressources. Son bilan présente toujours, ne fût-ce que par la réalisation de son avoir mobilier, une somme quelconque.

Le problème consiste à faire durer cette somme le plus longtemps possible. Pour cela, on n'hésitera pas à mener provisoirement une vie d'*indigente*.

Si vous pouvez trouver dans les épaves de votre bien-être passé, de quoi payer une mansarde et vous nourrir de pain et de lait, estimez-vous heureuse ! car vous voilà *indépendante*. Vous osez aller chez vos amis la tête haute, avec ces paroles aux lèvres : — « J'ai sauvé de quoi vivre sans rien demander à personne. Néanmoins je désire améliorer ma position qui m'oblige à des privations auxquelles je ne suis pas habituée ; et pour cela je veux tel ou tel travail ».

Alors, vous voyez l'intérêt se manifester, parce qu'on ne vous *redoute plus*. — Tandis que celle qui gémit en conservant un luxe relatif, fait prévoir que bientôt elle empruntera (sans rendre bien entendu), puis tombera à la charge de ses parents ou de ses relations. On la craint parce qu'on ne sait pas où la bienfaisance envers elle entraînera... !

Lorsqu'on n'a pas de quoi assurer son existence perpétuelle, on déclare qu'on peut vivre pendant *tant* de semaines ou de mois ; et l'on accepte, pour augmenter ses ressources, n'importe quelle besogne, sans fausse honte ridicule — Il y a un moment dur à passer ; mais par la suite on se glorifie d'avoir eu le courage de l'épreuve.

J'ai connu une jeune femme qui, dans une passe difficile, consentit à remplir un emploi dit « au-dessous de son rang ». — Une riche parente lui offrit un large billet de banque pour lui épargner cette déchéance (?) qui rejaillissait sur la famille. — Elle refusa, alléguant avec bon sens que cet emploi la mènerait sans doute à un meilleur plus tard ; tandis que quand l'argent donné comme une aumône serait épuisé, elle se trouverait de nouveau dans le besoin, sans avoir fait un pas en avant dans la voie du relèvement. Elle eut raison. L'avenir le prouva.

Quant à celles qui n'ont *rien*, ce qui s'appelle *rien*, et que par surcroît la maladie ou l'infirmité condamne à l'inaction, qu'elles s'adressent nettement à l'Assistance Publique et aux Œuvres. Si des vices, de la paresse, du désordre ne s'abritent pas derrière le paravent de leur détresse, elles ont le droit de demander à la Société son secours de solidarité. — Le naufragé accepte la main, la planche, la bouée qu'il peut saisir... Vivre d'abord !...

Ne vous effondrez jamais. C'est le courage qui attire l'estime, l'aide, l'appui des braves gens, plus nombreux en ce monde qu'on se plaît à le dire. Vous aurez encore des jours heureux, car lorsqu'on touche le fond de l'infortune, ce n'est que temporairement; il y a une limite au malheur; et l'amélioration progressive du sort a la douceur d'une convalescence.

La pauvreté peut atteindre tout le monde, — surtout des innocents victimes des fautes de leurs proches ; mais l'être jeune et sain ne reste jamais longtemps en détresse. Croyez-en l'expérience de tous les philanthropes : lorsqu'une existence d'expédients se prolonge, elle est le fait d'un caractère sans énergie et sans dignité.

Ce qui peut coûter à la vaillance, c'est le sacrifice de sentiment. Payer d'une séparation l'acquisition d'un sort meilleur ; voir des larmes d'enfants, de vieillards, malheureux d'un éloignement est certes, très dur. Cependant, *s'il le faut*, on doit trouver la force du devoir. Le déchirement n'aura jamais la cruauté de l'adieu éternel ; il permet tous les adoucissements et toutes les espérances. Si la première victoire contre le sort est à ce prix, l'héroïsme du cœur s'impose.

Toute femme, libre ou mariée, obligée de se créer des ressources, est tenue de ne pas ignorer les difficultés qui l'attendent. — Perdre son temps, gaspiller ses dernières ressources en tâtonnements incertains ne font qu'épuiser le courage. — Disons donc :

A la campagne et dans les petits pays, il est très rare qu'on puisse se tirer d'affaire. D'heureux hasards ou des relations avec les grands centres permettent seuls des entreprises fructueuses.

Quand on n'a pas à manger dans son trou, on en sort. Pour aller où ?... — A la ville ou à l'étranger.

C'est très joli de crier contre l'abandon des campagnes!... Pourtant, quand elles ne vous offrent aucune ressource, il faut bien affronter l'inconnu.

Paris c'est le gouffre; les pays lointains, nos colonies, c'est la déception... — Voilà qui est entendu. Cela n'empêche que là seulement on réussit à gagner sa vie.

Mais il existe une certaine prévoyance, et une prudence dont on prend trop rarement conseil. On ne doit émigrer vers un but hasardeux, qu'avec l'idée bien arrêtée de ce que l'on entend y entreprendre, grâce aux relations et aux références que l'on a su s'y assurer, et sans lesquelles on devient une épave ballottée par le flot méchant des foules indifférentes.

Toute femme ou fille sérieuse a des « présentations » ; ne fut-ce que celles de son maire, de son curé, de son propriétaire... — de son boulanger peut-être! — car mieux vaut être bien recommandée par ce dernier à un de ses collègues de la capitale, que superficiellement, banalement, à quelque personnage qui vous recevra d'une « façon charmante » et le dos tourné ne pensera plus à vous. — Oui, mieux vaut commencer par être porteuse de pain avec l'assurance de manger à sa faim la marchandise du patron, que de tomber d'inanition en jolie toilette, à la recherche d'emplois « distingués » et introuvables. Nous marchons vers une époque d'action niveleuse de conditions sociales, destructive de préjugés. Une fille ayant ses « brevets », acceptant de porter le pain en attendant mieux, intéressera autrement à son sort qu'une mijaurée aux mains gantées, préférant l'aumône déguisée au salaire fièrement gagné.

Voici des exemples d'intelligentes résolutions : une jeune provinciale de dix-huit ans se trouve brusquement orpheline de père et mère. Fortune totalement disparue. — Elle s'enquit des conditions pour devenir infirmière. Elle sut que pour atteindre le sommet de la carrière, il faut étudier pendant cinq ans. Elle calcula ce que lui coûterait cet apprentissage, son déplacement à Paris, son entretien. — et la part de l'imprévu. Elle exposa son désir aux parents et amis qui pouvaient par leur aide lui permettre de le réaliser. Par dons ou par prêts on lui fournit ce dont elle avait besoin. Ceux qui se sentaient quelques devoirs envers elle, ont compris l'intérêt qu'ils avaient à la mettre hors d'affaire, et de ne plus avoir à s'occuper de la « parente pauvre », de l'éternelle solliciteuse.

Une autre, parisienne celle-là, fille d'une mère dont divers agissements avaient éloigné toutes les relations sérieuses, se trouve à vingt ans seule au monde, sans appui, avec quelques centaines de francs. — Elle était bonne musicienne, douée d'une jolie voix... Mais ce gentil talent paraissait bien médiocre en comparaison des énormes mérites contre lesquels il faut lutter.

Elle sentit qu'au loin, dans un pays où il n'y aurait pour ainsi dire pas de concurrence, elle pourrait « faire quelque chose ». Elle demanda des certificats d'honorabilité [illegible] docteur, au notaire qui la connaissaient depuis longtemps ; au commissaire de police de son quartier, etc., etc... Elle décida de s'en aller... mettons : au Pérou. — Avant de partir, elle se fit connaître du ministre représentant cette république en France. Enfin... ceci est peut-être ce qu'elle fit de mieux ! elle s'engagea comme basse servante, laveuse de vaisselle en quelque sorte, sur le paquebot qui faisait le voyage. Elle économisa son passage et fut mieux traitée qu'une « émigrante », car la compagnie soigne convenablement son personnel. — Puis, à l'arrivée, pareille à une petite « Peau d'Ane », elle dépouilla les humbles vêtements portés pendant trois semaines vite passées ; s'habilla élégamment, et donna son premier concert dans le salon du navire. En débarquant, sa notoriété commençait, grâce à cette ingénieuse réclame. Le lendemain elle se présentait chez le ministre de France. — Son talent, sa grâce spirituelle firent le reste.

Une troisième s'en alla au Japon, il y a quelques années, au moment où l'empire s'ouvrait aux mœurs européennes. Sous la seule protection d'une couturière parisienne qui fournissait la Cour, elle donna des leçons de maintien, de danse, et d'usages mondains. Elle a réalisé une petite fortune.

Une quatrième, d'instruction assez médiocre, partit aux Etats-Unis où elle savait trouver un toit hospitalier, en attendant mieux. La langue française étant très « demandée », elle l'enseigna sans diplômes, sans littérature. A mesure qu'elle donnait des leçons, elle étudiait elle-même pour acquérir la perfection qui lui manquait. Elle s'est créé une position très honorable.

Pour réussir, il faut une intelligence pratique, une honnêteté décente nuancée de bonne grâce et d'une très légitime habileté. Chateaubriand a dit de Richelieu : « Sa souplesse fit sa fortune ; et sa fierté, son génie ». — Ceci prouve qu'on peut être tout ensemble souple et digne. — C'est ce que ne comprennent pas assez les vertus revêches ou les éducateurs tout d'une pièce.

Exemples d'adresse irréprochables :

Entourer de prévenances et d'égard les personnes âgées, en général ; s'assurer de par là, une réputation de sentiments délicats, comme il faut ; et peut-être gagner à... l'art de savoir s'ennuyer, un appui et quelques avantages. — Ceci ne devient blâmable que si l'on convoite vilainement un héritage, si l'on cause du tort à quelqu'un par une basse flagornerie.

Ne nourrir d'hostilité ni contre les Juifs, ni contre les Jésuites, ni contre Allemands, ni contre les Nègres !... Ceci vous procure éventuellement les bénéfices de leur relation, de leur appui, dont on se prive sans aucune compensation en leur tournant le dos haineusement. Il me semble que cette « habileté » devient plutôt louable quand elle s'appuie sincèrement sur l'humaine fraternité ? Elle n'abaisse le caractère que si l'intérêt l'inspire, et qu'on *serve* cyniquement n'importe quelle idéé, au lieu de les *respecter* toutes.

Et maintenant que direz-vous de la situation suivante?

Dans une position pécuniaire affreuse, à la suite de malchances successives, une jeune veuve chargée de famille ne vit d'autre issue à sa détresse que le choix entre deux moyens également odieux à sa conscience : accepter le secours que lui offrait un monsieur à la condition qu'on devine ; ou vendre son talent, sa renommée..., disons de « conférencière » à une « Foi » qui n'était pas la sienne. — Il y a des périls, partagés avec des êtres chers, auxquels on ne peut échapper qu'en saisissant une corde trempée dans la boue... Entre surmonter un dégoût ou voir mourir ceux qu'on aime, on n'hésite pas?... Mon héroïne, elle! se trouvait dans la dure obligation d'hésiter entre deux sauvetages nauséabonds. Elle choisit celui qui aux yeux du public semblait le moins la dégrader. Elle accepta de parler contre ses croyances... Si quelques-uns la blâmèrent et la traitèrent de renégate, beaucoup la complimentaient de s'être ralliée à eux... — Seule sa dignité intime lui adressait d'incessants reproches... — et les événements devaient lui prouver qu'elle s'était trompée en choisissant son difficile devoir.

Je ne voudrais pas qu'on me soupçonnât d'encourager la licence des mœurs... Pourtant j'oserai dire qu'en l'occurrence, sacrifier sa pensée était peut être plus coupable (...si culpabilité il y a...) que de donner sa personne charnelle?... — Quand une malheureuse perd pied, qu'elle se voit en présence d'une défaillance de vertu qui en somme ne cause de mal qu'à elle, il lui est bien permis de faiblir. — Autre chose est de préférer « la noce » au travail, délibérément; ou de capituler en certaines circonstances.

Par notre temps de divorces et d'élégants adultères, on doit bien un peu d'indulgence à nos sœurs infortunées, qui ont trop d'excuses pour ne pas mériter l'absolution.

La femme jeune est à la fois servie et desservie par ses attraits qui lui valent des hommages plus ou moins irrespectueusement exprimés. — Elle commet souvent des maladresses dans la défense de sa vertu, qu'elle s'imagine toujours sérieusement menacée.

En somme, la galanterie masculine n'a rien d'effarouchant. Si on ne l'a pas provoquée, si on la décourage, elle cesse très vite. Parfois c'est un badinage... — on pourrait presque dire : une politesse (!) que l'homme croit devoir à toute personne agréable qu'il rencontre. — Lorsque sans pruderie, presque gaiement vous montrez que vous estimez à leur juste valeur les démonstrations de ces messieurs. et qu'elles ne vous offensent pas, pour la très bonne raison qu'elles vous laissent insensible ; quand on apprend à juger votre conduite droite, on vous laisse parfaitement tranquille. Presque toujours le galant devient un camarade sûr et fidèle, qui vous rendra service tôt ou tard avec élan. Au contraire, combien d'hostilités on sème sur sa route, en blessant l'amour-propre de soupirants, au fond inoffensifs. Sans doute, on rencontre des individus vraiment pervers, vindicatifs et méchants. Mais pour un de cette espèce plus rare qu'on l'imagine, et surtout qu'on l'affirme! il y a vingt hommes que la jeunesse, honnête et charmante, touche, conquiert, et transforme en amis.

Puisque nous parlons de toutes et pour toutes, convenons que certaines professions obligent à subir des hommages dont le but ne se dissimule pas. En prenant ces carrières-là, on sait à quoi l'on s'oblige.

On a dit « la femme qui mérite la meilleure réputation est celle qui n'en a pas »... — Vérité en ce qui concerne l'obscure ou l'indépendante !... Mais quand le succès tient à la renommée, il faut bien faire parler de soi?... Néanmoins on n'oubliera pas que le désordre et le scandale constituent de détestables réclames, dont l'avantage immédiat a de tristes revers.

Soit dit accessoirement à ce propos : — quand on a dans son existence des choses fâcheuses, prêtant à la médisance, il faut répondre à celle-ci par le silence. Mieux vaut tâcher d'obtenir l'oubli que d'essayer une défense impossible.

Par contre, le beau courage de faire taire la calomnie, est digne d'approbation. — Allez droit sur le calomniateur, et dites-lui :

— Je vous somme de rétracter publiquement vos infamies, et je vous défends désormais de prononcer mon nom. Si vous ne réparez pas le mal que vous m'avez fait, en vous désavouant, je vous traduis devant les tribunaux pour diffamation.

Et il *faut le faire*... On n'a pas trouvé ridicule la jeune fille qui, bien qu'au théâtre, étant digne du certificat médical de sa vertu encore intacte, obtint réparation d'un sot bavard qui l'avait salie. — Il y a de nombreux maris qui imposent leurs épouses à l'estime (!!) des salons, tout simplement en fréquentant les salles d'armes... — On peut bien se faire respecter quand on est vraiment respectable. Nous avons à Paris une femme très connue qui a tué son insulteur. Je ne dis pas que tout le monde ait glorifié son acte, mais personne n'a refusé de l'absoudre.

Revenons aux questions matérielles.

On tiendra pour suspecte toute proposition trop brillante. Les ignorantes seules sont crédules. Celui « qui paie » ne fait plus de « pont d'or », sinon à quelques « célébrités » qui savent traiter d'égal à égal.

On se défiera de toute demande d'argent, ne fût-elle que de quelques francs, quand il s'agit de se procurer du travail... — Les maisons sérieuses ne demandent jamais rien au petit labeur. Elles le paient parfois aussi mal que possible, mais elles ne l'escroquent pas. — On ne doit mettre de capitaux dans une entreprise que quand on est soi-même rompue aux affaires. Autrement on joue un rôle de dupe. — Quand vous connaissez bien votre partie, s'il vous plaît, ou de *perdre* une somme dans un but déterminé, ou de l'engager dans une affaire que votre expérience vous fait juger bonne, cela vous regarde. — Mais vous laisser endoctriner par des gens habiles à dépouiller votre candide ignorance, cela, c'est de la naïveté.

Lorsqu'on exerce une profession, il faut aussi vite que possible entrer dans une ou plusieurs de ses associations sérieuses, d'aide mutuelle, comportant généralement une retraite. — Avec la première épargne on rachète toutes ses cotisations futures, c'est-à-dire que pour une somme généralement de 300 francs on peut se libérer du versement annuel d'un louis. — Le principe est excellent à tous égards : il produit une bonne impression d'ordre et de sagesse ; il vous délivre d'un souci constant et d'une charge qui à un moment donné pourrait paraître lourde ou génante; il vous garantit un secours éventuel. Le risque est de ne pas bénéficier de tous ces avantages, parce que vous auriez une situation qui vous permettrait de dédaigner votre actuel métier?... Ce serait tant mieux! — A ce propos notez encore ce conseil, de ne jamais renoncer à la « pension » si à l'âge de la toucher vous êtes dans une aisance qui vous permette d'être généreuse. Attribuez-la chaque année à une destination charitable quelconque; mais n'abandonnez pas vos droits. On regrette parfois les gestes spontanés et irréfléchis.

Préférez toujours un emploi solide à une situation brillante. Ne quittez pas étourdiment l'une pour l'autre. Le travail est si difficile pour la femme qu'elle devra toujours tenir avant tout à la sécurité.

Les placements de fonds exigent une prudence extrême. L'appât des gros intérêts constitue un leurre. L'argent rapporte peu, à notre époque; toute valeur qui rend beaucoup comporte le risque. — Les financiers eux-mêmes se trompent et se ruinent.

On choisira des titres dits : « de père de famille » et l'on ne mettra son épargne en assurances que dans des compagnies de premier ordre. — On n'écoutera jamais les sollicitations des placiers, ni les réclames de la Presse, qui impressionnent particulièrement les petites bourses.

Redouter aussi les conseils des notaires de petits pays. Les affaires régulières étant devenues pour eux d'un mince rapport, beaucoup se laissent aller aux spéculations hasardeuses ; certains entraînent innocemment, ou trompent sciemment leurs clients ; quelques-uns vont jusqu'à se prêter à des opérations illicites, tournant la Loi pour faire vendre ou acheter des propriétés, procurer de l'argent aux personnes gênées, etc., etc... La quantité de pauvres femmes veuves ou ignorantes, dépouillées de la sorte, est inimaginable.

Lorsqu'on habite loin des grands centres, le mieux est de mettre la petite épargne à la Caisse Postale ; et pour les opérations plus importantes, correspondre avec un de nos grands établissements de crédit, où tout se fait d'une façon légale, régulière et sûre.

*
* *

Les ennuis d'argent sont considérables : le nier serait puéril. Les désagréments de toutes sortes constituent pour nous tous des contrariétés parfois énormes. Mais en dehors des peines du cœur, il n'existe pas de chagrin réel. La crise passée, on renaît, on retrouve sa gaîté, la confiance, la joie de tout bon moment qui se présente.

C'est dans la vraie douleur que la femme peut se montrer « mâle » sans rien perdre de sa touchante grâce féminine. — Elle pleurera, elle paiera son tribut à sa faiblesse naturelle ; il serait fâcheux que jeune, elle fût au-dessus des larmes... — Mais elle surmontera ses nerfs, elle réfrènera les inutiles expansions de sa peine, si elle a été préparée à souffrir, si elle s'est habituée à la pensée que la souffrance n'épargne nul être sur terre, et que si le triste privilège de l'Humanité est de connaître le terme fatal, sa force morale la met à la hauteur de cette calamité.

Nous subissons notre sort. Il est bon de nous y résigner ; il est mieux de l'accepter. La résignation est une vertu passive, sage, soumise à ce qu'elle ne peut empêcher ; abattue, découragée, incapable de réagir, elle s'établit inerte, entre le désespoir évité et la consolation repoussée. — L'acceptation a plus de vaillance, plus de philosophie... Elle comporte l'effort du relèvement.

C'est après les deuils cruels — et les amours brisées, — qu'il faut chercher la force d'*accepter*.

Évidemment la jeunesse ignore les longs chagrins ; la nature se charge de la guérir par toutes ses promesses et l'espoir de leur réalisation. — Cependant il arrive que des cœurs trop exclusifs ne veulent pas guérir... Souvent l'imagination romanesque, ou une piété mal comprise les excite à l'exagération de leur peine. — Il y a parfois une pointe d'affectation inconsciente, — et aussi une complaisance irraisonnée envers l'opinion publique; — ou encore: vague obéissance à des traditions plus superstitieuses que religieuses en ce qui regarde par exemple le lugubre appareil funèbre et le culte des tombeaux parfois confinant à l'idolâtrie.

Il y a mieux à faire ici-bas que de se lamenter. Les regrets stériles de nos chers disparus sont une offense à leur mémoire quand ces regrets nous détournent de nos devoirs, dont le premier est de *vivre*. — Si l'on ne s'est pas suicidé c'est qu'on a consenti à souffrir?... Il faut donc souffrir noblement. — Honorons nos morts en associant leur souvenir aux meilleurs de nos actes. Si quelque lien existe entre nous et le mystère impénétrable de l'Au Delà, il est certain que c'est pour leur plaire un hommage tendre et respectueux, supérieur aux démonstrations bruyantes.

Il est une épreuve redoutable entre toutes: la perte d'un époux tendrement aimé. Elle est heureusement épargnée à la grande majorité des femmes jeunes, que plus souvent frappe la mort des enfants. — Pour pleurer ceux-ci, lorsqu'on est deux à essayer de se consoler l'un l'autre, on finit presque par se consoler soi-même.

La veuve devant son jeune amour fauché, en

proie à un affreux désespoir, prononce parfois des vœux de fidélité éternelle... De telles promesses sont regrettables. Le serment, quel qu'il soit, est une erreur de la vanité des hommes. Nul ne peut s'engager à rien... jamais, ni à aucun point de vue. Il suffit d'avoir l'*intention* ferme d'agir de telle ou telle manière; l'engagement n'a pas le caractère sacré, on conserve la liberté de le tenir ou d'y manquer sans crime envers sa conscience. Et il est des cas où ne pas vouloir le transgresser devient une cruauté envers quelqu'un plus encore qu'envers soi-même. Le Vœu est parfois si impossible à remplir que le Pape se réserve le droit d'en délier qui bon lui semble.

Malgré mon aversion pour les secondes noces, aversion toute sentimentale, que n'approuvent ni les religions ni les lois, je pense que la jeune veuve peut rarement vivre seule. Elle est beaucoup plus désemparée que la demoiselle d'âge égal ; elle a pris des habitudes d'intimité; elle se trouve en présence d'un « vide » augmenté de souvenirs, qu'ignore la célibataire. — De plus, celle qui fut mariée a conquis une indépendance d'après l'égoïsme masculin, à laquelle s'attache la faculté de risquer certaines aventures...

Tout cela est tellement reconnu que la plupart du temps, c'est la famille du défunt qui s'occupe de remarier sa veuve, au bout d'une convenable durée de deuil.

Si cette résolution est sage, si elle ne brise

pas trop un cœur inguérissable, il vaut mieux l'adopter quand y a des enfants, pendant qu'ils sont encore assez petits pour accepter aisément un nouveau « papa »

Quoiqu'il puisse advenir, la femme privée de son soutien, de celui dont l'existence seule suffisait à la faire respecter, devra vivre non pas *prudement* mais *prudemment*, sous l'égide de ses parents, de ses vieux amis, des protections respectables dont elle a dans son malheur la consolation de pouvoir s'entourer.

Un danger la menace : l'emprise sur sa mentalité des doctrines, des personnes capables d'exploiter son chagrin.

Qu'elle songe aussi à cet article du Droit musulman qui prohibe le mariage « entre une femme vertueuse et un homme de mœurs dissolues ». — Qu'elle restreigne volontairement la liberté dont elle dispose. Pour un peu de gêne, elle goûtera beaucoup de paix.

DE TRENTE A CINQUANTE ANS

Ces vingt années sont les plus remplies de l'existence. C'est le plein de l'effort, de la lutte ; c'est l'époque des grands dévouements aux tâches familiales... Sauf de rares exceptions, quand on a déjà « vu bien des choses », et passé soi-même par pas mal d'événements, on commence à se demander si la vie est bonne ou mauvaise? si elle vaut, ainsi qu'on l'a dit : « la peine d'être vécue ?... »

La réponse est, pour la plupart, empreinte de découragement.

N'importe !... Il faut réagir. Nous savons qu'à part de rares privilégiés qui doivent d'autant plus trembler que leur sort est plus exceptionnel, chacun porte, derrière son masque impassible ou souriant, le secret de ses peines, ou l'oubli qu'il en cherche.

Puisque nos chagrins personnels ne sont pas des exceptions, puisque la confiance en Dieu pour les uns, la sagesse philosophique des autres, la voix impérieuse de la Nature qui met en nous l'instinct de la conservation, nous commandent de vivre, prenons donc la vie en patience, et même en joie... joie bien relative, hélas!... joie presque sainte, puisqu'elle est le produit de l'Obéissance aux Lois incompréhensibles et par là, divines.

En somme, nous devons nous trouver très heureux quand nous ont été épargnées les grandes calastrophes; et il ne faut pas compromettre cette chance en aspirant à plus, en étant insatiables.

Nous devons bénir nos heures les plus tristes, quand nous en sommes sortis avec un accroissement de la sagesse dont elles apportent la souveraine leçon.

Nos chagrins les plus violents, nous l'avons déjà reconnu, sont ceux causés par l'Amour et par la Mort.

L'amour tient bien moins de place dans la destinée qu'on ne l'imagine au moment où l'on en subit les crises, cependant parfois très violentes, très tragiques lorsqu'elles produisent les conflits entre le sentiment et le devoir, — entre deux devoirs, souvent.

Cependant, aucune passion ou caprice, aucune tendresse durable, aucune fidélité à des liens denoués, n'empêche la vie de suivre son cours. L'œuvre de chacun s'impose et continue. Le Travail surtout, qui est le lot de l'immense majorité, constitue l'intérêt supérieur de l'existence. Comptez combien de... mois chaque individu a donnés à l'Amour; et mettez en parallèle tout ce que lui ont pris les exigences quotidiennes de son état et des événements! — Qu'est-ce qu'une flambée de passion en regard des luttes de carrière, des émotions familiales, des angoisses causées par les maladies, les accidents les drames financiers, les hasards extraordinaires qui changent la face d'une situation?

L'Amour?... Après sa trentième année déjà, si digne de l'inspirer que soit une femme, elle le doit considérer avec bien moins d'illusion que quand elle avait vingt ans. Elle sait ce qu'il vaut! Elle n'ignore pas que les trois quarts du temps, l'homme ne reconnaît pas celle qu'il a aimée, ou ne ressent plus nul émoi à sa vue, lorsque la fièvre qu'il éprouvait s'est éteinte. — Alors ?... N'est-ce pas folie, lorsqu'on est mariée, d'écouter encore des paroles troublantes, et de risquer son bonheur pour quelques satisfactions fugaces ?... N'est-ce pas sottise que de caresser, de prolonger des peines de cœur lorsqu'on les a analysées ?

Il semble que ce soit au milieu de la vie, qu'on souffre le plus cruellement de la perte des êtres chers. On a moins de chances de s'en relever par de nouvelles tendresses, et l'on n'a pas encore acquis la résignation de l'âge.

Nos chagrins suivent une marche invariable : d'abord ils sont aigus, désespérés... Chaque chose : le souffle du vent, la qualité du jour, les heures, les dates, un air de musique, une fleur, la nuance d'un vêtement... tout avive la douleur, même les songes. Puis peu à peu le mal s'use parce que les émotions renouvelées s'émoussent ; parce que ce qui les provoquait disparaît... Cette maison qui vous rappelait tant de souvenirs est démolie; la mode est passée de porter la toilette qui à chaque pas, dehors, vous faisait retrouver la silhouette regrettée; les musiques ont fait place à d'autres... Seules les saisons ramènent les mêmes soleils ou les mêmes brumes... Et l'on *supporte*, parce que l'on s'habitue à tous les genres de maux, et que l'on se soumet toujours à ce qu'on est impuissant d'écarter. — Et enfin, au bout d'un temps plus ou moins long, le sourire sincère reparait sur vos lèvres... Vous avez pris votre parti de l'irrémédiable... Vous l'avez pris parce que quelqu'un ou quelque chose est entré dans votre pensée, s'en est emparé, vous a rendu une raison de vivre... Aussi, après avoir souhaité de mourir, maintenant ne le voudriez vous plus.

Puisque telle est la Loi de la Nature, puisque l'on ne succombe pas à ses pires détresses, puisqu'on *sait* que l'on survivra, pourquoi ne pas se remettre tout de suite à la tâche de vivre?.. Pourquoi se repaître de portraits, de lettres anciennes, de contemplations cruelles des objets qu'il s'agit d'*oublier* ?... — Oui d'oublier, *tout à fait* s'il s'agit d'un amour coupable par exemple; et d'oublier par intermittences, afin de chasser l'*idée fixe* de la douleur légitime. — Il ne faut pas éprouver de remords quand on aide la Nature à vous guérir... Car ceux que l'on regrette, s'ils vous ont aimée, vous blâmeraient de ne pas obéir à cette loi de recommencement qui régit la création tout entière. La terre tremble, et engloutit des cités; la végétation bientôt recouvre les ruines. Des soleils s'éteignent dans l'immensité, et les nébuleuses préparent de nouveaux mondes... Nous limitons trop nos vues à notre unique cercle. Elargissons nos pensées... Elles se fortifient en sortant de nous-mêmes.

J'ai observé qu'on souffre de manière différente des séparations éternelles, selon que l'on protégeait l'être disparu, ou qu'on était au contraire en quelque sorte sous son égide. — Deux considérations s'imposent donc à notre effort vers « l'acceptation ».

L'être que nous entourions de sollicitude et de soins, était « un faible » qui avait besoin de nous?... Il est parti, prématurément! pour nous qui trouvions notre joie dans cette protection. Il nous manque... Nous cherchons partout ce qui est impuissant à le remplacer... — Mais Lui?...

En ayant touché au terme inexorable du voyage, avant l'heure que l'on croyait fixée, il a perdu de bien minces avantages, et a échappé par contre à des maux dont nous ignorons ce qu'aurait pu être la portée?... Nous pouvons donc nous consoler de notre peine, qui est un égoïsme.

Lorsqu'au contraire la mort nous sépare d'un soutien, ou tout au moins d'un « égal » sur lequel il était bon de s'appuyer avec confiance et tendresse, — dans la grande sensation d'isolement, de vide où son départ nous laisse, le plus grand culte, la meilleure preuve de vénération ou d'affection qui puissent constituer pour sa mémoire un supérieur hommage, c'est de vivre conformément à ses vues, à ses vœux, en gardant précieusement ses enseignements, en respectant ce que sa pensée avait déposé dans la nôtre, — en le « prolongeant » pour ainsi dire, en nous. — Peut-être est-ce ainsi qu'il nous protègera encore? Peut-être est-ce de la sorte que certaines personnes affirment sentir la présence familière des défunts autour d'elles?

Si je m'arrête si souvent, à chaque âge, sur de funèbres considérations, c'est que la Mort est le poison de la Vie!... Nous passons dans le deuil plusieurs années de nos existences; plus nous avons de parents et d'amis, plus souvent nous voyons des tombes s'ouvrir... — Je tâche donc de venir au secours des femmes qui plus faibles, plus sensibles que les hommes, plus superstitieuses aussi, souffrent davantage de la disparition des leurs, et subissent plus durement les conséquences de l'éternelle rupture.

Il faut regarder la Mort comme le lot commun, mal terrible, mais non d'exception. Le terme inexorable, pour si cruel qu'il soit, ne doit pas nous affoler. Nous avons mieux à faire que d'exciter nos pleurs et nos regrets en de stériles retraites, surtout au cours de ces vingt années précédant la cinquantaine, les plus actives, les plus fructueuses et les plus remplies de devoirs, de la durée humaine.

En effet : mariée, mère ou célibataire, la femme est dans la pleine expansion de son intelligence et de sa force.

Épouse, elle a fait ses preuves ; elle porte le poids d'une foule de responsabilités ; elle jouit d'une autorité agrandie ; le mari se repose sur cette associée capable et sûre.

Nullement grisée de ses prérogatives nouvelles, plus que jamais elle travaille à conquérir l'ascendant sur tout ce qui l'entoure, par l'amélioration constante de son caractère, l'élargissement de ses vues, le développement de ses connaissances. Elle a constaté la valeur de l'exemple ; elle sait qu'une femme paresseuse et douillette ne dominera jamais ses fils ni ses gens. Elle aura le loyal courage d'avouer ses erreurs ou ses torts, gagnant par là le respect et la confiance, par conséquent le pouvoir de se faire obéir, quand elle a raison.

Savoir diriger, commander, faire travailler intelligemment les subordonnés, dans le ménage ou dans une entreprise, est une qualité suprême. La discipline très juste n'empêche pas la tendresse sincère et l'indulgence envers ceux que l'on commande. Au fond, nous savons bien que toute faute est excusable, parce qu'elle est une « ignorance » souvent, et une défaillance, toujours. N'oublions pas tout ce que nous avons fait nous-mêmes, tout ce que nous sommes exposés à faire, méritant le blâme. Tout individu capable d'être éclairé, amélioré, mérite que l'on tente ce succès. Partout où la répression peut être remplacée par l'édification, il n'y a pas à hésiter. Par contre, vigoureux, exemplaire, sans rémission, sera le châtiment reconnu nécessaire. La bonté, l'intelligence n'excluent pas la force.

*
* *

L'enfant est devenu le suprême intérêt du foyer. — Plus il grandit, plus il est adroit de l'associer au père, car l'un par l'autre ils s'attachent à la maison, — rendue aussi agréable que possible et confortable, la maturité des époux étant plus sensible au matériel bien-être, que ne l'étaient les jeunes tourtereaux.

La mère, si gaie, si vive, et enjouée qu'elle soit conservera toujours une belle dignité, c'est-à-dire que jamais par des paroles ou des actes dont elle éprouverait une légère honte intime, elle ne déchoira devant personne. Elle ne s'attirera pas en réponse à la critique ou au blâme qu'elle adresserait à ses enfants, le terrible : — « Tu le fais bien, toi, Maman !... »

Généralement, tout en chérissant leur progéniture et en répartissant leurs soins d'une manière égale, les parents ont d'instinctives préférences de sexes, et obtiennent aussi des qualités différentes de reconnaissante affection. — Il y a tendresses « croisées »... ; le père a une faiblesse particulière pour ses filles, tandis que la mère manisfeste d'inexplicables complaisances pour les garçons.

De son côté, la fille est presque toujours plus câline avec son papa ; et le gamin enjôleur de la maman. — Pour le fils le père représente la Sévérité; pour la fille, cette dernière s'incarne assez souvent en la mère.

Ceci tient à la loi naturelle que nous avons constatée précédemment. C'est aussi la conséquence des mœurs. — A mesure que les études et la carrière éloignent les mâles de la maison, leurs sœurs tombent davantage sous la coupe de la mère. En contact perpétuel avec celle-ci, réprimandées par elle plus que par les professeurs, souvent, fatiguées indéniablement de sa

16

compagnie parce qu'on se lasse des meilleures choses, et à plus forte raison des choses qui ne ne sont pas « meilleures », — elles trouvent plus d'agrément auprès du père qu'on voit moins et qui ne gronde presque jamais.

Les garçons, au contraire, élevés ou retenus au dehors, reviennent à la maison se faire gâter par la mère qui fut privée de leur présence. Et c'est le père, alors, qui fronce le sourcil en considérant les « notes » fâcheuses ; qui menace, et certainement ne témoigne pas la mansuétude pour un jeune poulet sans crête qui prétend déjà faire le coq, — qu'il réserve à sa fillette, le petit bout de femme dans les doux yeux de laquelle il n'a pas la force de voir briller une larme.

Il faut que les parents, loin de nier cette vérité, la constatent et l'utilisent. C'est le père qui obtiendra de la fille les confidences délicates ou graves ; c'est lui qui sera son refuge, peut-être plus puissamment consolateur que ne le serait sa mère ; et c'est celle-ci qui, sûre de la tendre vénération des fils, aura de l'empire sur eux contre bien des entraînements. — Si elle a « de la tête » autant que je le souhaite, elle saura prendre contre eux des mesures financières aussi rigoureuses que je lui conseillais d'en prendre contre les écarts du mari. Les garçons doivent grandir dans la *certitude* qu'on ne paiera pas une de leurs dettes, par exemple ; on les a élevés avec assez de connaissance de la vie pour qu'ils n'aient pas l'excuse d'en faire, ni de commettre certaines fautes.

Aux mères vigilantes je tiens à donner en passant un avis un peu en dehors de notre entretien, mais que ma conscience m'oblige à ne pas omettre : — c'est de nourrir leurs enfants, au moment des fortes études, de manière largement suffisante, mais légère ; et de ne pas craindre, dans les jours de vacances, de leur imposer l'hydrothérapie chaude (le bain de préférence à la douche,) et le... lavage interne, purificateur des voies digestives. — Les exercices violents seront supprimés. Contrairement à ce que l'on croit, ils ne sont pas un dérivatif au travail intellectuel, mais bien un second surmenage. Cette observation a pour but d'éviter la terrible fièvre typhoïde qui a enlevé tant de sujets remarquables, au moment où ils terminaient leurs classes. Croyant bien faire, les tendres parents les suralimentent (de viande particulièrement), ignorant que la surproduction du cerveau, les émotions des examens et concours, produisent des toxines sournoises. Plus l'élève semble solide, plus le péril est grand. Les maigres, les pâles, s'ont exempts des accidents redoutables éprouvés par ceux « qui n'ont jamais été malades ».

En appliquant mon conseil, le pire que vous puissiez regretter, c'est que le jeune homme soit un peu « fatigué » par son effort intellectuel.

Une fois le pas franchi, il se « refera » très vite. — Tandis que si vous l'empoisonnez, le moindre risque est qu'il échappe à une maladie dont il gardera peut-être longtemps les traces.

Tout doucement en élevant les enfants, on se prépare à être... belle-mère, — et aussi aux séparations de carrière. On n'aime *vraiment* ceux qu'on « aime, » qu'en sachant les comprendre, en se soumettant aux sacrifices nécessaires à leur bonheur.

Je me demande si à un moment donné les filles ne s'éloignent pas de la mère et même de la maison paternelle, plus que les fils, — du moins par le cœur?

La fille, emmenée hors d'un foyer qu'elle a toujours *espéré* abandonner, qui lui fut parfois hostile, suit son époux dans une nouvelle demeure, *chez elle!*... Pourvu qu'elle ne soit pas tombée sur un grossier despote, elle consent volontiers à ne plus voir ses parents au delà du convenable. Elle s'exilera même sans grand effort; et en cas de conflit, par force ou par sympathie, elle se rangera du côté du « maitre... » Chose amusante, alors! on voit la mère se plaindre plutôt de sa fille que de son gendre, tandis que le père exprime des sentiments complètement opposés.

Le fils, au contraire, qu'il s'en aille au loin par métier, qu'il se marie avec ou sans le gré des siens, garde toujours un intime attachement à la famille. Il y reviendra même après des sottises commises, et malgré sa femme, car lui est libre de dire : « je veux »... tandis qu'elle peut difficilement le braver.

Quand le père semble inexorable en face de fautes ou d'offenses graves, la mère pardonne tout, la mère travaille avec patience et diplomatie à la réconciliation qu'elle finit toujours par obtenir.

Parce que les enfants constituent le seul véritable intérêt de l'existence, les ménages qui n'en ont pas eu, se considèrent comme déshérités.

Eh bien qu'ils se consolent!... Quand un objet est source de suprêmes joies, il est aussi celle des pires angoisses. La seule crainte de perdre ce qu'on aime si tenacement, achète cher la douceur de le posséder. Lorsqu'on n'a pas eu d'enfants, on est à l'abri du regret de ne plus les avoir, — et même du remords de les avoir mis au monde, si l'on a été impuissant d'assurer leur félicité.

*
* *

Quand la femme s'ennuie et qu'aucun travail ne l'aide à remplir ses heures, la grande ressource de la charité se présente à elle. — Toutefois, avant de s'y adonner, elle fera bien de s'assurer d'une vocation réelle, et de s'imposer un certain stage d'initiation.

La Bienfaisance réserve beaucoup de mécomptes, facilement transformés en dégoûts. Une haute philosophie, une connaissance assez subtile de la mentalité des gens, procurent seuls le courage de la persévérance. — Les banales libéralités n' « intéressent » pas le cœur vide ; à celui-ci conviennent les démarches, les « visites assises », l'apostolat véritable... pavé de grosses désillusions. Quand on a voulu associer ses amis, ses relations à une bonne œuvre, et qu'on découvre l'indignité de l'assisté, on éprouve une véritable honte de s'être laissé duper et d'avoir dupé les autres... — Reconnaîtra-t-on par exemple qu'il est plus facile de réhabiliter un voleur, que de donner de l'ordre à la ménagère qui ne l'a pas « dans le sang »?... Conviendra-t-on encore qu'à une fille ayant commis *deux* fautes, on ne doit plus demander qu'une bonne conduite relative?... — Une mondaine à qui les ans et les circonstances n'ont pas apporté l'expérience, applique trop de naïveté à ses actes charitables, et ne tarde pas à se rebuter devant les déconvenues.

Les « Œuvres », que je n'admire pas sans réserves, rendent cependant de réels services, autant aux personnes qui les soutiennent qu'aux gens secourus. Faire partie d'une association charitable, à la condition, bien entendu, de n'y sacrifier aucun des devoirs familiaux, a été le salut non pas seulement pour des oisives, mais pour des femmes atteintes par de grandes afflictions, voulant renoncer au « monde » ayant perdu tout goût de vivre. — L'obligation de tâches régulières et bienfaisantes, le contact forcé avec les humains que l'on prétendait fuir! deviennent extrêmement salutaires. Des relations agréables se forment et s'étendent insensiblement, même de pays à pays, car en cas de déplacement on retrouve des correspondants ou des œuvres similaires. Faire sérieusement partie d'une œuvre connue, peut être très profitable aux femmes qui n'ont pas d'immédiats devoirs à remplir. — C'est un peu, pour la femme ce qu'est pour l'homme l'avantage d'appartenir à un Club distingué. — Aujourd hui l'exercice de la charité, et en général toutes les associations philanthropiques présentent un intérêt direct, d'études, d'observations, de calculs, de recherches du mieux, de discussions intelligentes.

Ce qui précède s'applique à la célibataire qui de nos jours n'a plus rien de commun avec la « vieille fille. » Elle a lu, causé, voyagé... Mieux encore ! Elle a presque toujours travaillé. Loin de redouter la société masculine, elle doit à cette fréquentation de savoir que ce qu'il y a de meilleur dans l'homme c'est l'Ami. — Elle n'éprouve plus la vague humiliation d'être « demoiselle », car il est évident que quand on veut se marier on se marie toujours, fût-ce avec

« une borne coiffée d'un chapeau » comme disaient nos grand-mères. La célibataire porte crânement sa... — blancheur.

Si, dans le secret de ses pensées, il peut lui arriver à certaines heures de regretter la trop monotone unité de sa vie, et la situation que lui aurait créée le mariage, elle n'est plus assez candide pour regretter les prétendues voluptés qui coûtent souvent la santé ou la vie à la femme. L'épouse ne se plaint pas de souffrir parce que la nature la favorise d'un courage spécial... Mais ses plus belles années sont meurtries... Elle le tait, par pudeur ou par vaillance.

La solitude, dont quelques non mariées se plaignent, ne pèse pas autant que l'existence en commun avec un très brave homme peut-être, mais dont chaque mot, chaque geste vous agace, vous énerve... Ce petit supplice, comme le mal de dents, n'apitoie personne... Ce n'est pas mortel... Ce n'est qu'exaspérant.

Et puis, vivre seule, quand on n'a pas pris l'habitude de vivre à deux, en sympathie mutuelle, n'est pas une privation. On ne peut sentir le regret réel que du bonheur qu'on a goûté et dont on ne jouit plus. La liberté a des charmes... L'absence de tendresses très vives et très proches diminue les chances de souffrir. — Lorsque par des occupations intelligentes et avec un esprit large, sans hardiesses déplacées, on a un caractère sociable, la vie de célibataire n'apparait pas désagréable.

Plus difficile est la position de la femme séparée ou divorcée.

Nous admettons que les torts ne soient pas de son côté ! — Néanmoins la société la tient un peu en suspicion. Il lui faut infiniment de tact, et pas mal de temps, pour se refaire une place vraiment estimée. — Elle y réussira, moins par une retraite exagérée, suspecte jusqu'à un certain point, que par une existence au grand jour, irréprochable. — On prétend que la malignité publique ne respecte personne. — C'est faux. Ce qui parait exact ce sont les vieux dictons : « Il n'y a pas de fumée sans feu » et « Il n'y a pas de feu sans fumée ». Pour s'exercer, faut-il que la calomnie ait apparence de raison ?

Mais elle amplifie odieusement, elle interprète, dieu sait comme ! les relations les plus innocentes entre amies, ou encore l'affection paternelle d'un vieillard...

Afin de ne pas lui donner prise, on n'accordera pas de place privilégiée à une *seule* personne, quels que soient son âge et son sexe. La femme, surtout privée de mari, aura soin de s'entourer d'un cercle en faveur des membres duquel ses habitudes et ses témoignages affectueux se répartiront à peu près également. Sa porte ne se fermera jamais mystérieusement. — En dehors de ses préférés, choisis, elle étendra peu et prudemment ses relations ; elle sera surtout réservée en public. Ni par bonté, ni par insoucience, elle n'acceptera dans son entourage familier quelqu'un dont l'honorabilité ne soit pas affirmée; — j'entends : tous les genres d'honorabilité. La compassion, le désir de soutenir, de « relever » ne peuvent malheureusement excuser en ce cas l'imprudence, car la femme isolée n'a pas la force sociale nécessaire pour imposer quiconque; et alors, sans rendre service, elle se nuit sérieusement.

A toute femme, divorcée, ou dans une situation délicate, la discrétion et la bonté réussissent. Lorsqu'aigrie par l'hostilité souvent injuste et cruelle d'une société qui n'a guère le droit pourtant de se montrer sévère ! on se révolte, on pique le prochain d'un dard venimeux, on ne sait être généreux ni de sa bourse, ni de son esprit, on se fait mettre à l'index sans rémission.

La veuve encore jeune traverse également quelques années difficiles. — Un mariage nouveau est gros d'inconnu, surtout lorsqu'on a des enfants...

Une fois de plus, j'ose avancer une opinion toute personnelle, que l'on voudra bien j'espère exempter de l'accusation d'immoralité. Elle ne s'applique pas à la généralité, mais à quelques rares cas d'exception :

On assure que le cœur ne vieillit jamais... Et qu'à toutes les époques de la vie, si l'on ne le fait pas taire, il faut... forcément l'écouter. — On se remarie donc, très légitimement, avec l'approbation des lois, des cultes et de la société.

Eh bien! j'aurai l'audace excessive de penser que quand on se trouve en présence de circonstances très particulières, impossibles à prévoir ici, où les justes noces lèseraient des sentiments ou des intérêts fort respectables, un... « compromis » serait plus moral, non pas selon la morale codifiée, mais selon celle de la conscience. Mieux vaut parfois commettre une faute, qu'une autre ? Et entre celle qui épargne autrui, en ne faisant du tort au résumé qu'à la coupable, on ne saurait hésiter. Le « monde » tolère, sanctionne des relations décemment inavouées mais avérées ; l'Eglise leur accorde le pardon et les sacrements *qu'elle refuse à la divorcée;* la société aristocratique et traditionaliste ne se cache pas de professer qu'une femme de la noblesse « prend un amant, mais ne divorce pas... » — Je n'ai pas à discuter la vertu des milieux« chics » ; je rappelle tout simplement ces subtilités, afin d'expliquer comment dans le dilemme du sacrifice d'une tendresse très grande, ou de l'obligation de la régulariser douloureusement, une troisième solution ne m'abreuverait pas de remords.

Lorsque l'on reste seule avec des enfants déjà grands, dans une situation précaire, tout l'effort de relèvement doit porter sur eux, qui ont l'avenir large et ouvert. On regretterait à un moment donné de les avoir renfermés dans des cercles bornés, sans issue, et anéantissant toute chance de carrière.

La femme, mère ou non, ne quittera non plus un emploi qu'elle possède, sous un prétexte frivole. L'extrême difficulté de retrouver une place, surtout quand on n'est plus jeune, conseille au moins, en cas de nécessité, de se faire suppléer pendant un congé temporaire.

*
* *

Comme la maladie est le principal empêchement du travail, toute laborieuse apprendra intelligemment à se soigner. — C'est *toujours possible*, quoique disent celles qui ne veulent pas le faire. — Sans dépenses de temps ni d'argent, par la simple observation de l'hygiène qui nous convient, par de menues précautions, on arrive à contre-balancer les inconvénients de la profession qu'on exerce. Si, au lieu de consacrer les jours de vacances au repos, on ne se fatiguait pas doublement, de mille façons diverses, on s'userait bien moins vite. Remarquez que tous les législateurs, en imposant un « jour du Seigneur » quelconque, ont aussi imposé le calme religieux — et distrayant pourtant ! — du culte. La loi toute moderne du *repos* hebdomadaire » implique l'idée de détente, de « repos »... — Force est bien de répéter le mot.

La preuve que le bon état physique tient à la manière de vivre, c'est que la longévité féminine dépasse celle de l'homme, à tel point que les compagnies d'assurances ont des tarifs spéciaux pour les femmes. Cette prérogative est attribuée bien moins à la diminution des « risques » professionnels qu'à la sagesse des mœurs féminines.

*
* *

L'apparence extérieure ne doit pas être davantage négligée.

Si l'on a bien compris mes précédents avis de « simplicité », on comprendra que je voulais réserver à la femme de précieuses ressources pour prolonger sa jeunesse déclinante. — Tant qu'on est plus jolie décoiffée et en négligé, qu'attiffée, il vaut mieux ne rien ajouter à des charmes sincères. Mais aussitôt que la fraîcheur se fane, peu à peu, d'une façon discrète, insensible, on se sert des ressources de l'Art. Nul ne s'en aperçoit, sinon quelquefois le mari. Il ne blâmera aucun des artifices louables, parce que sa femme est devenue surtout maintenant « la mère de ses enfants » et plus que jamais son associée. Il faut qu'elle soit « bien », — qu'elle fasse honneur à la raison sociale.

C'est moins chez la Couturière que chez les

Professeurs de beauté que les élégantes vident leur bourse. — Elles ne sont dupes que quand elles croient tout ce qu'on leur affirme dans les autres de la « sorcellerie moderne » où les oisives, les richardes apprennent la science de » s''arranger »... Il faut bien qu'on leur donne quelque chose pour leur argent!... La chevelure «shampouingnée », ondée, vaporisée; la peau nettoyée jusque dans les « profondeurs », veloutée, poudrée ; les ongles polis et laqués, elles sortent de ces « Ecoles » évidemment mieux que quand elles y sont entrées, surtout parce que suggestionnées, souriantes, elles ont une physionomie aimable, et une confiance en soi qui double le pouvoir séducteur de la femme.

Mais la ride n'est pas effacée! Mais les muscles ne sont pas raffermis!... Le miracle promis ne s'est pas manifesté.

La vérité se résume en ceci : des pratiques quotidiennes plus ou moins raffinées, mais indispensables, seront adoptées par chacune de nous pour la défense de notre extérieur, — comme nous en avons choisi pour la conservation de notre santé.

Lesquelles?... — C'est affaire de « nature ».

Ayez un bon dentiste ; faites remplacer la première dent qui vous manque si vous ne voulez pas qu'un écartement se produise entre toutes les autres ; usez de bons produits ; ne méprisez pas les moyens très simples à la portée des plus modestes budgets ; ayez de la correction, de la tenue, de l'ordre, du goût dans la belle simplicité, — et à mesure que vous vieillissez, consentez à paraître « l'âge mûr » que nulle ne peut cacher, mais où l'on s'arrête et qui se prolonge pendant un temps parfois infini. — Seules les infirmités amènent la vraie déchéance; et des précautions réussissent souvent à les éloigner jusqu'à la fin d'une existence saine, enviée de tous.

APRÈS CINQUANTE ANS

Quand on n'a pas de prétentions, entre cinquante et... (??) c'est l'époque idéale !... Il serait exquis de s'y éterniser. On arrive à l'apogée du développement intellectuel. Si l'on est « encore femme », comme disait madame Geoffrin, ce n'est plus pour longtemps. Celles que la coquetterie ne tourmente pas, en sont ravies. Le temps des grands efforts est passé. Libérée des impérieux devoirs, on entre dans une indépendance relative. — On doit tâcher d'être heureuse... On « l'a bien gagné ».

Pour être heureuse, il faut être aimable. Or, on n'est aimable que quand on est heureux, puisque les soucis assombrissent ou irritent l'humeur.

Comment sortir de ce dilemme ?

Toujours par les qualités d'un caractère que les années façonnent de plus en plus.

La personne qui a pris l'essence de la vie, incline en tout vers la bienveillance, l'indulgence, le pardon, les jugements un peu larges et généreux. Elle n'est pas misanthrope! car l'Humanité par ses souffrances expie ses crimes, et mérite la compassion.

En répandant de la joie, d'ailleurs, on sème de la vertu. Les gens s'améliorent lorsqu'on améliore leur condition.

— « Je fais tout pour le Bien... pour être aimée, et je ne réussis pas... et l'on ne m'aime pas... »

Combien de femmes âgées ont dit cela, presqu'en pleurant, le cœur découragé, plein d'amertume.

J'aurais pu leur répondre :

— C'est justement parce que vous pratiquez un « Bien » égoïste qu'il ne porte pas ses fruits, et qu'il ne vous attire ni sympathie, ni gratitude, ni affections. — Bornez-vous à la satisfaction intime de voir luire, ne fût-ce que dans les yeux d'un animal, la jolie flamme du contentement... Ne souhaitez pas d'autre paiement... « Le reste », comme dit l'Evangile, « vous sera donné par surcroit. »

Il faut aussi être « de son temps », et avec la jeunesse qui l'incarne. Les grognons rétrogrades, ennemis du « progrès », méconnaissent la grande loi du mouvement terrestre, de la perpétuelle évolution. Du « mal » que l'on peut déplorer, sortira le mieux ; depuis des milliers de siècles que le globe et ses habitants se conduisent plutôt fâcheusement, chaque « crise » a été la préparation en somme d'une ère nouvelle nullement pire que les précédentes.

Se tourmenter en vain, donner trop d'importance aux questions matérielles, compliquer son existence et celle de ses proches par des soucis imaginaires, ne pas savoir prendre son parti des ennuis réels, c'est gâcher l'agrément d'une période à laquelle je persiste à en trouver beaucoup.

Les époux s'aiment avec plus de confiance. Des torts de jeunesse sont oubliés ; la situation sociale s'est affermie ; les enfants « casés » vous libèrent en prenant leur liberté, — que vous ferez bien de ne pas entraver. Bras dessus, bras dessous (au figuré !... puisque le « chic » réprouve maintenant cette tendre et surannée galanterie), on s'en va de par le monde, capables de faire ce que bon vous semble.

Parce que la vie amoureuse a pris fin, on ne renonce ni au désir, ni à la possibilité de plaire. De solides amitiés, privilèges des ans qui les ont éprouvées longuement, sont là... On est en coquetterie avec elles.

Les acquisitions de l'esprit vous constituent un apport d'attraits et d'avantages dans les relations... — Oui, quand d'exceptionnelles douleurs ne nous atteignent pas, entre cinquante et... ?? c'est bien le bel automne, tiède et paisible, qui livre les récoltes de tout ce que vous aviez cultivé : santé, indépendance, succès d'état, affections... — et sagesse.

*
* *

On prendra bien garde de devenir *laide !...*

On ne l'est pas, lorsque par une bonne hygiène on s'est défendue contre les maladies que tout le monde peut éviter (ou du moins amoindrir, lorsqu'on en est affecté par hérédité) — et qu'on apporte à sa tenue le soin désirable. Se négliger, se « vieillir » par des ajustements sans goût, une coiffure austère et des airs confits, suppriment les années charmantes au cours desquelles, ô joie ! on n'a pas d'âge du tout.

Frétiller, « faire la jeune » atteint le même résultat, car le moyen le plus sûr de souligner la décadence est de vouloir la nier, en affichant des prétentions, ridicules à leur début, et macabres aussitôt que la vraie vieillesse grimace sur votre facies.

Le point juste consiste dans la recherche d'une mise harmonieuse aux belles lignes un peu amples, avec une note suffisamment personnelle pour affirmer en quelque sorte le caractère, sans tomber dans « l'originalité ».

On peut continuer à sortir, voyager, chanter, patiner, monter à cheval, — bref à faire tout ce que l'on fait encore *avec aisance*. Mais dès que l'effort se produit, et par conséquent supprime la grâce de l'action, il faut renoncer à ce que l'on n'accomplit plus avec élégance. — Plaignons les professionnels des métiers et des arts, condamnés à persévérer malgré la caducité.

*
* *

La femme célibataire ou veuve doit se préparer à la solitude, et s'y accoutumer — lorsqu'elle ne peut plus orgueilleusement compter sur ses forces déclinantes.

Elle tiendra plus que jamais, dorénavant, à ses anciens domestiques et fournisseurs, à son domicile, et à toutes ses habitudes chères. — Ce qui ne l'empêchera pas d'être amie des améliorations, du progrès capables d'augmenter son bien-être et celui des personnes qui vivent dans son entour.

Sa paix ne sera jamais payée trop cher ! ni par des sacrifices d'argent, ni par des concessions justes. C'est surtout par les procédés qu'on l'obtient, quand on a des exigences de situation ou de santé à faire supporter.

Si satisfaite qu'on puisse être de soi, parce que les événements ont donné raison à vos manières de penser et d'agir, on ne placera pas une entière confiance dans ses propres lumières. On n'a jamais été parfaite, et on va le devenir encore beaucoup moins, si l'on n'y prend garde. Les gens âgés, convenons-en, sont presque toujours... difficiles. Les manies, les mauvaises humeurs, l'avarice, la malpropreté, le soupçon, la méfiance, la susceptibilite, viennent enlaidir leur caractère. — Cela tient, en grande partie, à ce que nul n'ose les censurer, car nul n'en a le droit, puisqu'ils n'ont plus de supérieurs. — Or, nous avons tous besoin d'être « maintenus » par la critique. Prions donc l'avance quelques amis, d'un jugement sûr et l'intentions sincères, de nous avertir des fâcheuses tendances que nous pourrions manifester, des fautes que nous sommes disposés à commettre.

L'une, parmi ces fautes, la plus fréquente, est de croire que tout vous est permis parce que vous êtes vieille.

Les cheveux blancs pour être respectés doivent être respectables. Ils ne dispensent pas du choix des relations, et de celui des lieux de fréquentation. — Il ne faut jamais mettre son nom en mauvaise compagnie. — On doit savoir rester chez soi. — Le rôle des femmes âgées est plutôt de recevoir que de s'imposer au dehors ; ce rôle leur est plus favorable à tous égards, et il est plus discret. La femme d'âge est encombrante. En invitant, elle ne songera point à se faire cajoler, encenser, mais à procurer de l'agrément à ceux qui se rencontrent chez elle. — C'est alors qu'on apprécie une fois de plus l'aisance qui vous permet, non pas le faste, souvent bien fatigant! mais l'intérieur aimable. — La pierre de touche pour s'assurer qu'on se plaît chez vous, c'est l'empressement que chacun témoigne d'y venir.

Les très petites bourses feront bien de ne jamais abandonner les villes sous prétexte d'économie.

D'abord on a toujours tort de changer ses habitudes quand on n'est plus jeune; et ensuite, seuls les grands centres, et Paris plus que tout autre, procurent la ressource inappréciable des distractions gratuites, sans compter les petites occasions d'augmenter les revenus dont on jouit. — La campagne, c'est superbe avec le grand confort, les commodités, la facilité de se procurer moyennant finances tout ce qu'on peut désirer. — Mais la campagne mesquine, avec l'obligation de calculer la folle dépense d'un colis postal, ou d'un abonnement à un journal, c'est la mort des retraités, par l'ennui.

Les compagnons des sédentaires sont les animaux. Comme je comprends qu'on les aime !... Mais aussi, combien je déplore l'idolâtrie qu'on leur témoigne ! — et dont ils sont souvent les infortunées victimes.

De déplorables complaisances à l'égard des bêtes, rendent parfois le logis répugnant. Nous voyons aussi des gens porter des fleurs à la Toussaint (II) sur les tombes du Cimetière des chiens. En quoi de pareilles aberrations rendent-elles service aux malheureux toutous ? — que la crémation eut préservés, du reste, de la pourriture infligée aux chrétiens traditionalistes.

Ne vaudrait-il pas mieux recueillir un animal perdu, ou lui faire un peu de bien, que de tomber dans une piété puérile que les ennemis des bêtes regardent comme dérisoire, et de laquelle, en la ridiculisant, ils se font une arme contre nous qui aimons nos « frères inférieurs » ?

L'isolement inspire parfois l'idée de vivre avec une amie ou une parente, soit qu'on aille chez elle, soit qu'elle vienne au contraire chez vous. Lorsque ça réussit, c'est parfait. Le malheur veut que ça ne réussisse pas souvent. Avant de prendre une telle résolution, on doit se donner le temps de la mûrir, et si possible, tenter un essai discret. — La vie en commun, surtout entre femmes, n'est pas facile. Les caractères se révèlent, dans l'intimité de chaque jour, très autres que ne le font supposer leurs apparences. L'égalité des droits, ou plus encore leur inégalité, provoque des conflits d'intérieur. La plus riche des deux personnes, ou la plus puissante, prime l'autre inévitablement ; et chez cette dernière on découvre bientôt une nuance d'aigreur humiliée.

Bien pire encore est la situation quand on a la fâcheuse idée de se marier ou remarier dans la seconde moitié de son siècle.

Si l'on épouse un homme plus jeune que soi, les risques de tous genres sont fort inquiétants. — Même quand l'époux ne compte pas plus d'années que vous, il va au devant de tous les inconvénients de l'âge... Franchement on a bien assez de ceux qui vous attendent sans aller chercher ceux d'un autre ! — Puis, il n'y a pas d'illusion à se faire sur son propre compte : si bien conservée qu'on soit, si charmante que l'on puisse encore paraître dans un salon ou sur une scène, — comme la plupart de nos « étoiles » de théâtre, — on ne l'est plus dans la chambre à coucher, ou on le sera encore pour si peu de temps, que mieux vaut abdiquer tout de suite.

Et puis les habitudes, les caractères sont devenus impérieux ; on n'est plus capable de plier, même en le désirant. Pour terminer ses jours, mieux vaut la liberté.

*
* *

Toute spéculation, toute entreprise comportant le moindre risque financier, ou l'ombre d'un souci seront rigousement écartées. Non seulement il ne faut sous aucun prétexte aventurer ce que l'on possède, mais encore est-il prudent de le consolider, — et surtout de ne jamais se dépouiller, vivante, fût-ce pour ses propres enfants.

Il y a là plus qu'une mesure d'intérêt matériel; il y a une règle d'ascendant moral. On ne conserve l'autorité que par la dignité. Or on perd celle-ci dès qu'on tend la main, ou qu'on est à la charge des siens. — Il se peut que dans une famille, un seul de ses membres soit dépourvu de la délicatesse complète qu'imposent certaines situations, pour que le désaccord s'établisse entre tous.

Autre chose est la combinaison que j'ai vu réussir, qui me plait infiniment, et qui consiste à régler certains arrangements :

L'héritage, sacro-saint en France, m'est toujours apparu comme une vilaine chose. On y tient cependant, énormément ; et ce sont justement les testateurs qui paraissent y tenir encore plus que les légataires.

J'admettrais presque volontiers l'ancien droit d'aînesse qui présentait un avantage « conservateur » ; je le préfère à la conception moderne, du partage, et aux affreux calculs qui s'y rattachent.

Par un singulier reste des mœurs d'autrefois, le père de famille honnête s'imagine *devoir* « laisser tout » à ses enfants, ou à défaut, aux héritiers directs. S'il se permet de distraire un legs, pour un peu ceux-ci accuseraient sa mémoire de détournements. La transmission des fortunes fait partie de la morale, et de la plus élémentaire honnêteté.

Certes je concède à chacun le vœu légitime de tester en faveur de ses proches, et en particulier de leur rendre ce qu'on a reçu de ses pères. Il y a des choses patrimoniales dont on ne se reconnaît que dépositaire.

En revanche, je dénie à la parenté le *droit* de considérer comme siens des biens que les accendants ont acquis personnellement. — Aux enfants, ou à ceux qui vous en tiennent lieu, vous devez les soins, l'éducation et l'établissement. C'est tout.

Je sais que je vais faire bondir les mères !... — alors que c'est justement pour elles que j'émets cette théorie.

Celles qui disent obstinément : « Vous trouverez de l'argent après moi... » coupent l'essor à de jeunes destinées par le refus de quelques billets de banque, et *condamnent* parfois leurs héritiers à souhaiter inconsciemment leur mort.

Celles qui se dépouillent par faiblesse, ou se privent en faveur de légataires souvent bien peu intéressants, sont presqu'aussi coupables, car elles encouragent les dettes et les combinaisons « fin Maman »

Tandis que si l'on disait à son fils où à sa fille : « Tu veux telle somme pour tel usage... Réfléchis... Si je te la donne, je place tout ce qui me reste à fonds perdus... » il y a chance pour que cette combinaison satisfasse tout le monde. — C'est la suppression de l'héritage par consentement mutuel; c'est l'école d'énergie pour la jeunesse, et la tranquillité pour la vieillesse.

A celles qui partageront ma manière de voir, je dirai aussi : — Tout placement viager doit être fait dans des conditions de sécurité absolue, au moyen des grandes Compagnies d'Assurances, et en évitant de confier à une seule la totalité du capital dont on dispose. On rejettera les opérations avec les particuliers, et aussi ceux par l'entremise des notaires de province. Si honnêtes que soient les contractants et les transactions, elles ne présentent pas les garanties nécessaires aux femmes seules et âgées.

Egalement, je recommande à ces dernières de n'avoir jamais de sommes importantes sur elles ou chez elles. — La rapidité des communications, et toutes les facilités modernes offertes par les grands établissements de crédit, les caisses postales, l'usage des chèques, etc., etc... — permettent à toutes, même au fond des campagnes, de ne point transporter ou conserver des appâts pour les voleurs dont les méfaits s'aggravent trop aisément d'assassinat.

*
* *

A mesure qu'on approche du terme de l'existence, il semble que par une grâce spéciale on l'oublie ou l'on cesse de le redouter.

Quelques vieillards en parlent volontiers par une sorte de coquetterie envers le Destin, mais au fond, ils le supposent très éloigné, puisqu'ordinairement ils redoublent d'attachement envers les biens périssables.

Ils ont raison en somme, car notre heure est marquée dans un avenir énigmatique. Soyons donc prêtes, toutes choses réglées comme à la veille du départ définitif; — et faisons comme ce savant dont j'ai oublié le nom, qui à quatre-vingt-dix-neuf ans signait avec un éditeur pour un ouvrage en *trois* volumes !...

Cependant des femmes ont la hantise de leur fin.

Peu regrettent la vie; seulement elles éprouvent la « peur » atavique non pas seulement de l'Au-Delà, mais de la tombe... — Cela doit se raisonner.

En somme, la Mort est un sommeil plus doux que celui de la terre, puisqu'il ignore le rêve. L'Inconnu ne saurait effrayer personne : le croyant, le philosophe, le spiritualiste, le matérialiste ne redoute rien.

L'agonie?... Elle n'existe pour ainsi dire pas chez les personnes âgées, ni même chez la plupart des autres... — On souffre beaucoup plus pour guérir que pour mourir. L'intelligence agonisante s'obscurcit. Les accidents eux-mêmes à juste titre redoutés, sont moins cruels en général que notre imagination les dépeint. Les gens « revenus de loin » disent qu'ils ne se sont pas doutés du péril dans lequel ils étaient. Les exceptions existent, c'est évident. Mais pourquoi vouloir absolument, alors qu'elles sont rares, qu'elles deviennent notre lot ?

Quant aux craintes chimériques ou vagues qui tourmentent les imaginatives, elles se réduisent à celle d'être enterrées vivantes, et de « sentir quelque chose *après*... » Cette dernière appréhension se révèle par le soin qu'on prend de se faire inhumer dans des conditions désignées. — C'est en réalité assez enfantin. Nous avons la preuve matérielle que le corps est insensible à l'immersion, à la crémation, à l'autopsie, à la dissection, à l'embaumement qui le conserve dans des caveaux, où à l'enterrement qui, selon l'expression chrétienne, le « rend à la poussière. »

Quant à l'inhumation prématurée, on peut s'assurer contre elle en réclamant des précautions scientifiques. De plus, on doit savoir, en admettant que celles-ci ne soient pas prises avec toute la conscience voulue, qu'on *ne peut pas ressusciter* dans le cercueil. La mise en bière actuelle, avec les soins antiseptiques, produiraient l'asphyxie de toute personne ayant encore un souffle de vie.

Chassons toutes ces pensées lugubres. Vivons très occupées, très distraites... Fatiguons-nous assez pour trouver chaque nuit les quelques heures de sommeil nécessaires... Soyons confiantes... N'ajoutons pas aux maux inévitables des souffrances imaginaires.

Au contraire de ce que l'on croirait, les derniers deuils sont les mieux supportés.

On s'étonne de l'indifférence parfois complète des vieillards à la perte de leurs proches.

— « C'est que », me disait récemment un homme de jugement, « on n'est tué qu'une fois ».

En effet, chacun a subi, au cours d'une vie prolongée, une séparation dont la douleur a primé toutes les autres. On a « reçu le coup ». Par la force mécanique qui anime nos êtres nous sommes restés debout, nous avons continué d'agir « machinalement », bien que nous fussions morts à toute espérance, à tout désir. On ne comprend pas comment on a survécu ! — Cela dure ainsi jusqu'au moment où une tendresse, un devoir nous apportent une raison de vivre. Les ans coulent... La nature opère... Vous vous « reprenez » faiblement, ou tout à fait... — Et voici que vous êtes frappé de nouveau !... Certes vous souffrez encore, mais vous ne pleurez presque plus. Vous avez « passé par là »..., par *pire* encore !.., Vous savez que vous avez « supporté »..., que vous « supporterez... » Alors vous vous décidez à « supporter » tout de suite. Vous n'ignorez pas que « cela » finira... au moins quand vous finirez vous-même... Vous échappez à la désolation par une sorte de nihilisme très compatible avec la pitié et la philosophie.

C'est pourquoi les femmes qui se réfugient dans de grandissimes deuils, austères et cloîtrées, sont bien moins malheureuses qu'elles ne l'eussent été plus jeunes... Elles trouvent une espèce de saveur à cette « prise de voile » laïque, conforme aux goûts que l'âge leur apporte.

Chez certaines, l' « à quoi bon » se manifeste par un égoïsme tout matériel, le soin du « moi », de ses petites jouissances immédiates — sentiment assez compréhensible et qu'on peut excuser. Seulement il a le désavantage, pour quiconque l'éprouve, de ne pas vous placer au-dessus de bien des contrariétés mesquines ; de vous faire souffrir encore pour des motifs qui devraient vous laisser indifférents.

Meilleur est un compatissant altruisme qui vous met au service du Bien sous tous ses aspects, — mais simplement, sans éclat, par l'unique bon vouloir du cœur en toutes circonstances. On essaie de répandre tout ce que l'on sait d'utile ou de sage ; et la conscience de servir encore à quelque chose donne un peu de prix à nos derniers jours.

Je m'arrête ayant assez dit, et sans prétendre

avoir rédigé un code de la sagesse féminine — d'abord parce qu'il n'existe pas de doctrine applicable à tous les cas. Aucune loi, fût-elle de surhumaine beauté, qui n'apparaisse impie aux victimes qu'elle ferait !

Néanmoins je crois pouvoir conclure en faveur du principe d' « Energique Bonté ».

J'ai demandé énormément de courage, afin d'en obtenir la dose suffisante. Il en faut, jusqu'au dernier souffle, pour renoncer à bien des choses, et pour consentir à devenir faible.

J'espère avoir touché le but que je me proposais en commençant ces causeries : faire, non des génies, des saintes ni des héroïnes, mais ce que la société actuelle réclame :

Des Femmes célibataires ou non, honnêtes, d'esprit lucide, ni vitimes, ni tyranniques, — simplement bien équilibrées.

FIN

TABLE DES MATIÈRES

E. GREVIN — IMPRIMERIE DE LAGNY

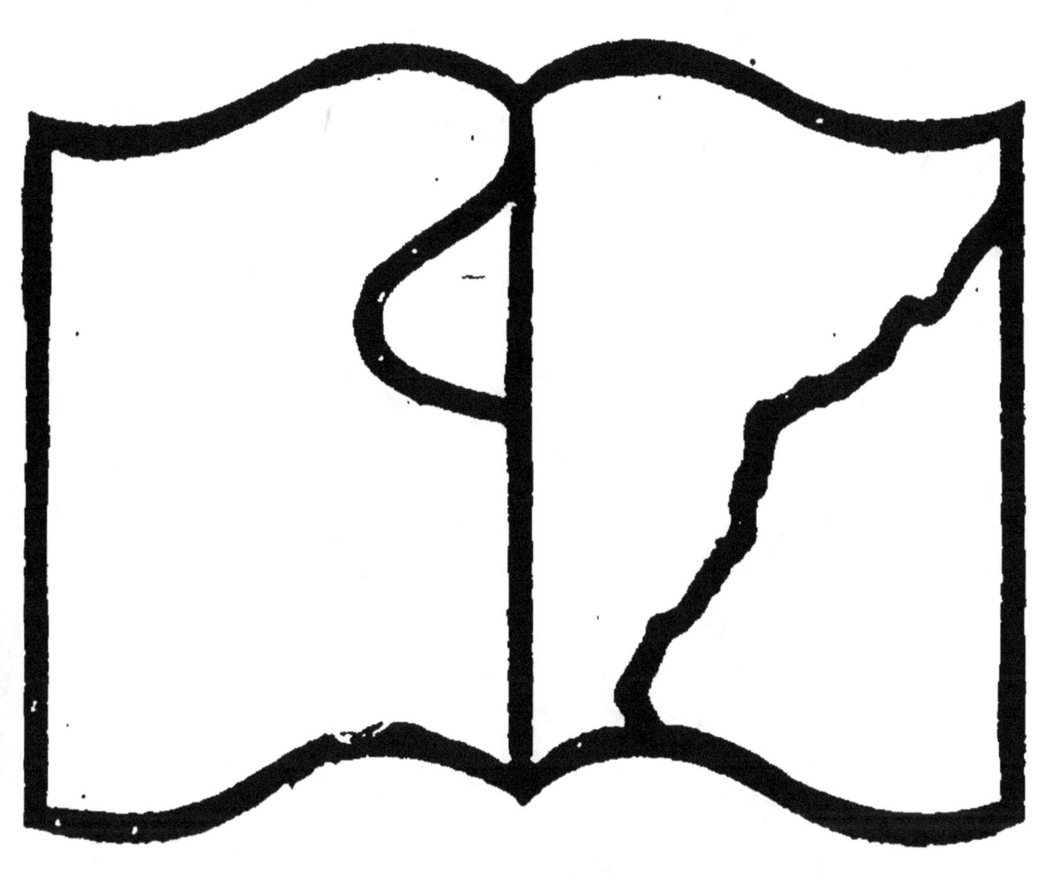